गरुड़ पुराण

डॉ. विनय

डायमंड बुक्स

प्रकाशक डायमंड पॉकेट बुक्स (प्रा.) लि.
X-30 ओखला इंडस्ट्रियल एरिया, फेज-II
नई दिल्ली- 110020
फोन : 011-40712200
ई-मेल : ebooks@dpb.in
वेबसाइट : www.diamondbook.in

GARUDA PURANA

By – *Dr. Vinay*

प्रस्तावना

भारतीय जीवन- धारा में जिन ग्रंथों का महत्त्वपूर्ण स्थान है उनमें पुराण भक्ति ग्रंथों के रूप में बहुत महत्त्वपूर्ण माने जाते हैं। पुराण-साहित्य भारतीय जीवन और साहित्य की अक्षुण्ण निधि है। इनमें मानव जीवन के उत्कर्ष और अपकर्ष की अनेक गाथाएं मिलती हैं। भारतीय चिंतन-परंपरा में कर्मकांड युग, उपनिषद युग, अर्थात् ज्ञान युग और पुराण युग, अर्थात् भक्ति युग का निरंतर विकास होता हुआ दिखाई देता है। कर्मकांड से ज्ञान की ओर आते हुए भारतीय मानस चिंतन के ऊर्ध्व शिखर पर पहुँचा और ज्ञानात्मक चिंतन के बाद भक्ति की अविरल धारा प्रवाहित हुई।

महर्षि कश्यप के पुत्र पक्षी राज गरुड़ को भगवान् विष्णु का वाहन कहा गया है। एक बार गरुड़ ने भगवान् विष्णु से मृत्यु के बाद प्राणियों की स्थिति, जीव की यमलोक-यात्रा, विभिन्न कर्मों से प्राप्त होने वाले नरकों योनियों तथा दुर्गति से संबंधित अनेक गूढ़ एवं रहस्य युक्त प्रश्न पूछे। उस समय भगवान् ने गरुड़ की जिज्ञासा शांति करते हुए उन्हें जो ज्ञानमय उपदेश दिया था उसका इस पुराण में विस्तृत विवेचन किया गया है।

गरुड़ के माध्यम से ही भगवान् विष्णु के श्रीमुख से मृत्यु के उपरांत के गूढ़ तथा परम कल्याणकारी वचन प्रकट हुए थे इसलिए इस पुराण को 'विष्णु पुराण' कहा गया है। श्री विष्णु द्वारा प्रतिपादित यह पुराण मुख्यतः वैष्णव पुराण है। इस पुराण को मुख्य गारुड़ी विद्या भी कहा गया है।

इस पुराण का ज्ञान सर्वप्रथम ब्रह्माजी ने महर्षि वेद व्यास को प्रदान किया था तत्पश्चात् व्यासजी ने अपने शिष्य सूत जी को तथा सूत जी ने नैमिषारण्य में शौनकादि ऋषि-मुनियों को प्रदान किया था।

सनातन हिन्दू धर्म में मृत्यु के बाद गरुड़ पुराण के श्रवण का प्रावधान है। इस पुराण के उत्तर खण्ड में 'प्रेतकल्प' का वर्णन है। इसे सराति प्रदान करने छः गया है। इसके अतिरिक्त इस पुराण में श्राद्ध-तर्पण मुक्ति के उपायों तथा गति का विस्तृत वर्णन मिलता है।

हम आज के जीवन की विडंबना पूर्ण स्थिति के बीच से गुजर रहे हैं। हमारे बहुत सारे मूल्य खंडित हो गए हैं। आधुनिक ज्ञान के नाम पर विदेशी चिंतन का प्रभाव हमारे ऊपर बहुत अधिक हावी हो रहा है इसलिए एक संघर्ष हमें अपनी मानसिकता से ही करना होगा कि अपनी परंपरा में जो ग्रहणीय है, मूल्य परक है उस पर फिर से लौटना होगा। साथ में तार्किक विदेशी ज्ञान भंडार

से भी अपरिचित नहीं रहना होगा-क्योंकि विकल्प में जो कुछ भी हमें दिया है वह आरोहण और नकल के अतिरिक्त कुछ नहीं। मनुष्य का मन बहुत विचित्र है और उस विचित्रता में विश्वास और विश्वास का द्वंद्व भी निरंतर होता रहता है। इस द्वंद्व से परे होना ही मनुष्य जीवन का ध्येय हो सकता है। निरंतर द्वंद्व और निरंतर द्वंद्व से मुक्ति का प्रयास मनुष्य की संस्कृति के विकास का यही मूल आधार है। हमारे पुराण हमें आधार देते हैं और यही ध्यान में रखकर हमने सरल सहज भाषा में अपने पाठकों के सामने पुराण-साहित्य प्रस्तुत करने का प्रयास किया है। इसमें हम केवल प्रस्तोता हैं लेखक नहीं। जो कुछ हमारे साहित्य में है उसे उसी रूप में चित्रित करते हुए हमें गर्व का अनुभव हो रहा है।

'डायमंड पॉकेट युक्त' के श्री नरेन्द्र कुमार जी के प्रति हम बहुत आभारी है कि उन्होंने भारतीय धार्मिक जनता को अपने साहित्य से परिचित कराने का महत् अनुष्ठान किया है। देवता एक संज्ञा भी है और आस्था का आधार भी इसलिए वह हमारे लिए अनिवार्य है। और यह पुराण उन्हीं के लिए है जिनके लिए यह अनिवार्य है।

– डॉ. विनय

अनुक्रमणिका

प्रथम अध्याय

प्राचीन समय की बात है कि नैमिषारण्य क्षेत्र में शौनक आदि ऋषियों ने अनेक महर्षियों के साथ हजार वर्ष पर्यंत चलने वाले यज्ञ को प्रारंभ किया था जिससे उन्हें स्वर्ग की प्राप्ति हो सके। उस क्षेत्र में सूत जी भी आए। तब ऋषियों ने उनका बहुत आदर-सत्कार किया। क्योंकि सूत जी पौराणिक कथाएं कहने में सिद्धहस्त थे और उन्होंने विभिन्न रूपों से अनुभव प्राप्त किया हुआ था-यह जानकर उपस्थित ऋषियों ने सूत जी से कहा-आप हमें इस सृष्टि, भगवान, यमलोक तथा अन्य शुभाशुभ कर्मों के संयोग से मनुष्य किस रूप को प्राप्त होता है यह बताने की कृपा करें।

सूत जी बोले-इस सृष्टि के कर्ता नारायण विष्णु हैं। वह ही नारायण विष्णु जल में रहने के कारण नारायण हैं, लक्ष्मी के पति हैं और उन्होंने अनेक अवतार धारण करके पृथ्वी पर अधर्म का नाश किया है और पृथ्वी की रक्षा की है। उन्होंने राम का अवतार धारण करके लंका के राजा रावण से ऋषि-मुनियों का उद्धार किया। उन्होंने नृसिंह रूप का अवतार धारण करके हिरण्यकश्यप का उद्धार किया। यही भगवान विष्णु सृष्टि के आदि कर्ता पालक और रुद्र रूप में संहार करने वाले हैं। भगवान विष्णु ने ही वराह का रूप धारण करके पृथ्वी का उद्धार किया और मत्स्य रूप में अवतार लिया। भगवान विष्णु का ही अंश वेदव्यास है और वेदव्यास जी ने इन पुराणों की सृष्टि की है।

विष्णु भगवान रूपी वृक्ष सर्वश्रेष्ठ वृक्ष है। उसका दृढ़ मूल धर्म है। वेद उसकी शाखाएं हैं, यज्ञ उसके फूल हैं और मोक्ष उसका फल है। इस प्रकार भगवान विष्णु ही सारी तपस्या के फल और मोक्ष को देने वाले हैं।

एक बार भगवान रुद्र से पार्वती जी ने पूछा कि आप तो स्वयं भगवान हैं। सृष्टि के कर्ता पालक और संहारक हैं। फिर भी आप किसी का ध्यान करते रहते हैं। आपसे बड़ा वह कौन है जिसका आप ध्यान करते हैं। पार्वती के मुख से यह सुनकर भगवान शिव ने कहा कि मैं आदि देव ऋषियों का ध्यान करता हूँ। विष्णु ही परम और महान् हैं। उनका ध्यान करते हुए ही मैं अपने आप में तल्लीन रहता हूँ। इस प्रकार शौनिक जी ने जब सूत जी से पूछा तो उन्होंने उत्तर दिया कि भगवान विष्णु ही सारे कर्मों के आधार हैं। यह बताते हुए उन्होंने कहा कि शिवजी ने पार्वती से कहा- मैं परम ब्रह्म का चिंतन करता हूँ। यह परम ब्रह्म भगवान विष्णु ही हैं। मैं विष्णु का ही चिंतन करता हूँ। भगवान विष्णु ही अनेक रूप में अवतार लेते हैं। उन्होंने ही राम, कृष्ण, वाराह,

नृसिंह आदि के रूप में अवतार- लेकर धर्म की रक्षा की है। राम के रूप में उन्होंने राक्षसों का नाश किया है और कृष्ण के रूप में दुष्ट प्रवृत्ति वाले लोगों का विनाश करके धर्म की स्थापना की है। शिवजी ने आगे कहा कि हे पार्वती! वाराह के रूप में विष्णु ने ही पृथ्वी का उद्धार किया है और नृसिंह के रूप में भक्त प्रहलाद की रक्षा करते हुए हिरण्यकश्यप का उद्धार किया है। मैं अपने नेत्र बंद करके उनका चिंतन करता हूँ।

इस प्रकार भगवान विष्णु की महिमा को सुनकर (जैसे कि शंकर ने भगवती पार्वती को बताई थी) ऋषियों की उत्सुकता अन्य विषयों में जाग्रत हो गई।

ऋषियों ने सूत जी से पूछा कि हे भगवन्! आपने भगवान विष्णु के महत्त्व को स्थापित करते हुए जो कुछ भी कहा वह भय मुक्त करने वाला है। किंतु आप संसार के दुख और कष्टों को नष्ट करने का उपाय बताइए, आप इस लोक तथा परलोक के कष्टों का वर्णन करने में कुशल है। हमें बताइए कि यमराज का मार्ग कैसा होता है और वहाँ मनुष्य को कैसी-कैसी यातनाएं मिलती हैं। ऋषियों से यह प्रश्न सुनकर सूत जी बोले कि जो वृत्तांत भगवान नारायण ने गरुड़जी के पूछने पर उनको बताया था वह मैं तुम्हें बता देता हूँ।

यम का मार्ग अत्यंत दुर्गम मार्ग है फिर भी मैं आप लोगों के कल्याण के लिए इसका वर्णन करता हूँ। गरुड़जी ने पहले भगवान से कहा था कि हे प्रभु! आपका नाम लेना तो सरल है फिर भी मनुष्य आपकी भक्ति से वंचित रहकर नरक में पहुँचते हैं। आपकी भक्ति के अनेक मार्ग हैं। उनकी अनेक गतियां हैं और आपने मुझे यह बताया भी था। किंतु इस समय मैं यह जानना चाहता हूँ कि जो व्यक्ति आपकी भक्ति से विमुख हो जाता है, उसे दुर्गम यम मार्ग मिलता है। किंतु यह मार्ग उन्हें कैसे मिलता है और इसकी कठिनाइयाँ क्या हैं?

हे प्रभु, इस मार्ग में पापियों की दुर्गति होती है और जिस रूप में वे नरक गामी बनते है वह आप मुझे विस्तार से बताइए। गरुड़जी की प्रार्थना पर भगवान विष्णु उनसे बोले-हे गरुड़! तुम्हारे पूछने पर मैं यम मार्ग का वर्णन करता हूँ क्योंकि इस मार्ग से ही होकर पापी यमलोक जाते हैं। यह वर्णन अत्यंत भयंकर है। जो अपने को सम्मानित मानकर उग्र रहते हैं और धन तथा मर्यादा के गर्व से युक्त हैं तथा राक्षसी भाव को प्राप्त होकर दैवी शक्ति रूपी संपत्ति से हीन होते हैं, जो काम तथा भोग में लीन रहते हैं, जिनका मन-मोह माया जाल में फंसा हुआ है वे अपवित्र नरक में गिरते हैं। जो मनुष्य दान देते हैं वे मोक्ष प्राप्त करते हैं। जो लोग दुष्ट और पापी हैं वे दुख पूर्वक यम की यातना सहते हुए यमलोक जाते हैं। पापियों को इस संसार के दुख जैसे मिलते हैं उन दुःखों को भोगने के पश्चात् जैसी उनकी मृत्यु होती है और वे जैसा कष्ट पाते हैं उसका वर्णन तुमसे करता हूँ, सुनो!

मनुष्य संसार में जन्म लेकर अपने पूर्वजन्म के संचित किए हुए पुण्य और पाप के कारण अच्छे-बुरे फल को भोगता है। शेष अशुभ कर्मों के संयोग से शरीर में कोई भी रोग हो जाता है। रोग और विपत्ति से युक्त वह प्राणी जीवन की आशा से उत्कंठित होता रहता है। युवावस्था में संवेदनाहीन यह प्राणी स्त्री और पुत्रों से सेवित होने पर भी बलवान सर्प के द्वारा काल के रूप में एकाएक भयभीत होता है और उसके सिर पर काल आ पहुँचता है। वह वृद्धावस्था के कारण रूप हीन होकर घर में मृतक के समान रहता है। वह गृहस्वामी द्वारा अपमान-युक्त आहार को कुत्ते के समान भोजन करता है, रोग और मंदाग्नि के कारण आहार कम हो जाता है और चलने-फिरने की शक्ति घट जाती है। वह चेष्टाहीन हो जाता है। जब कफ़ से स्वर-नलियां रुक जाती हैं, आवागमन में कष्ट होता है, खांसी और श्वास के वेग के कारण उसके कंठ से घुर-घुर शब्द होने लगता है, तब वह चेतनाहीन रहने के कारण चारपाई पर पड़ा हुआ सोचता है और बंधु वर्ग से घिरा हुआ होने के कारण प्राणी मृत्यु के सन्निकट आता रहता है, बुलाने से भी नहीं बोलता है। इस प्रकार हमेशा कुटुंब के पालन-पोषण में जिसकी आत्मा लगी रहती है उस परिवार के प्रेम की वेदना से रोता हुआ वह प्राणी परिवार के बीच में मर जाता है।

हे गरुड़! मृत्यु के समय देवताओं के समान प्राणी की भी दिव्य दृष्टि हो जाती है। वह संसार को प्रभुमय देखता है और कुछ भी बोलने में असमर्थ हो जाता है। इंद्रियों की व्याकुलता से चैतन्य प्राणी भी जड़ के समान हो जाता है। इस कारण समीप आए यमदूतों के भय से अपने स्थान से चलायमान हो जाता है। जब प्राण आदि पांचों तत्व अपने स्थान से चल देते हैं तब मरते समय पापी का एक-एक क्षण भी कल्प के समान बीतता है। सौ बिच्छुओं के काटने से जो पीड़ा होती है वैसी ही यातना-व्यथा श्वासों के निकलते समय होती है। यमदूतों के भय से उस जीव के मुँह से लार और झाग गिरने लगता है। अत : पापियों का प्राणवायु गुदा के मार्ग से निकलता है। प्राण निकलते समय प्राणियों को यमदूत मिलते हैं जो क्रोध से लाल नेत्र वाले, भयानक मुख पाश और दंड लिए होते हैं तथा नग्न शरीर और दांत को पीसते हैं। ऊपर को उठे केश वालों के समान काले टेढ़े मुख वाले, विशाल नख रूपी शस्त्र वाले यमदूत वहाँ आकर उपस्थित रहते हैं। उन दूतों को देखकर भय से वह प्राणी मल-मूत्र का त्याग करने लगता है। इस अवस्था में हाय-हाय करता हुआ जीव शरीर से निकलकर अंगूठे के समान शरीर को धारण करता है और मोहवश अपने घर को देखता है। उसी समय यमदूतों द्वारा पकड़ा जाता है। उस अंगुष्ठमात्र शरीर को यातना रूपी शरीर से ढक कर गले में रस्सी बांधकर यमदूत इस प्रकार ले

जाते हैं, जैसे अपराधी पुरुष को राजा के सिपाही पकड़कर ले जाते हैं। वे यमदूत इस प्रकार उस जीव को ले जाते हुए मार्ग में धमकी देते हैं तथा नरकों के भयानक दु:खों का वर्णन बारबार करते जाते हैं।

वे दूत कहते हैं- अरे दुष्टात्मा! तू शीघ्र चल, तुझे यमलोक जाना है और कुंभीपाक आदि नरकों का उपभोग करना है। अत : तू देर मत कर। यमदूतों की ऐसी वाणी को सुनता हुआ तथा अपने बंधु वर्गों के विलाप को सुनता हुआ वह जीव हाय-हाय करता है। यमदूत उसे प्रताड़ना और कष्ट देते हैं। उन यमदूतों के धमकाने से उसका हृदय विदीर्ण हो जाता है। वह प्राणी भय से कांपता है और अपने पापों का स्मरण करता हुआ यम मार्ग से जाता है। यम मार्ग में कुत्तों से कटवाया जाता है। जब मार्ग में भूख और प्यास से पीड़ित होता है सूर्य के तेज और हवा की प्रबलता से तप्त बालू में चलना पड़ता है, छाया और विश्राम-रहित मार्ग में चलने से असमर्थ हो जाता है, तब उस जीव को कोड़ों से मारकर यमदूत घसीटते हैं। ऐसे कठिन मार्ग में चलने से वह थककर गिरता है, मूर्च्छा खाता है तथा फिर उठता है। इस प्रकार वह जीव अंधकारमय यमलोक में पहुँचाया जाता है। वह जीव तीन अथवा दो मुहूर्त में यमलोक में पहुँचाया जाता है। वे यमदूत उसको घोर नरक की यातना देते है और उसके पापों का फल देते हैं।

यमलोक में पहुँचकर वह जीव यमराज के दर्शन तथा एक मुहूर्त में घोर नरकों की यातना को देखकर यमराज की आज्ञा से फिर मनुष्य लोक में आता है। यहाँ आने पर जीव पुनः अपने पूर्व शरीर में प्रवेश करने की इच्छा करता है परंतु यमदूत उसे पाश से बांधे रखते हैं। इस कारण वह सुख सुधा -तृषा के दुस्सह दुख को सहता और विकल होकर रोता है। तब मृत्यु के स्थान पर पुत्रों द्वारा दिए गए पिंड को और मरने के समय में दिए हुए दान को ही वह जीव खाता है तब भी उस पापी जीव की तृप्ति नहीं होती। उसके पुत्रों द्वारा दिए हुए दान, श्रद्धा और जलांजलि से पापी रूप के कारण तृप्ति नहीं होती। इसी से पिंडदान देने पर भी वे भूख से और भी व्याकुल हो जाता है। जिनका पिंडदान नहीं होता वे कल्प भर प्रेत योनि में रहकर निर्जन वन में दुख पूर्वक भ्रमण करते है। बिना भोग कर्म का भय करोड़ों कल्प तक भी नहीं होता है और बिना यम की यातना भोगे जीवों को मनुष्य का जन्म भी नहीं मिलता है और उन्हें अन्य योनियों में भटकना होता है।

हे गरुड़! उस पिंड के प्रतिदिन चार भाग होते हैं। उनमें से दो भाग पंचभूतों के लिए होते हैं जिनसे देह की पुष्टि होती है। तीसरा भाग यमदूतों को मिलता है और चौथा भाग उस प्रेत को खाने के लिए मिलता है। इस प्रकार प्रेत को नौ दिन तक का पिंडदान खाने के लिए मिलता है।

दसवें दिन के पिंडदान से प्रेत का शरीर-निर्मित होता है और चलने में सामर्थ्य होती है। हे पक्षियों में श्रेष्ठ! पूर्व शरीर के जल जाने या नष्ट हो जाने पर पुत्र द्वारा दिए हुए पिंडों से फिर भी उस जीव को देह मिलता है। वह जीवन हाथ भर का शरीर पाकर यमलोक मार्ग में अपने शुभ- अशुभ कर्मों को भोगता है।

अब मैं दस दिन के दिए पिंड से जिस प्रकार शरीर बनता है उसे कहता हूँ। प्रथम दिन के पिंड से सिर, दूसरे दिन के पिंड से गर्दन और कंधा, तीसरे दिन के पिंड से हृदय बनता है। चौथे दिन के पिंड से पीठ, पांचवें दिन के पिंड से नाभि उत्पन्न होती है। छठे दिन के पिंड से कमर, गुदा, लिंग, भग और मांस के पिंड आदि बनते हैं। सातवें दिन के पिंड से हड्डी आदि बन जाती है और आठवें-नवें दिन के दो पिंडों से जंघा और पैर उत्पन्न होते हैं। दसवें दिन के पिंड से उस देह में सुख-सुधा -तृषा की उत्पत्ति होती है। पिंड से उत्पन्न शरीर का आश्रय लेकर भूख-प्यास से पीड़ित प्रेत ग्यारहवें और बारहवें दिन के श्राद्ध को दो दिन में भोजन करता है। तेरहवें दिन यमदूतों से बंधा वह जीव बंधे हुए बंदर के समान अकेला संसार में आता है।

हे गरुड़! वैतरणी को छोड़कर केवल यमलोक छियासी हजार योजन विस्तीर्ण है। अब इस जीवन को प्रति दिन 24 घंटों में क्रमशः 247 योजन यमदूतों के संग निरंतर चलना पड़ता है। चलने वाले इस मार्ग के अंत में 16 ग्राम पड़ते हैं। उनको लांघकर तब धर्मराज के नगर में वह पापी जीव पहुँचता है। उन नगरों के नाम ये हैं- सौम्यपुर, सौरिपुर, नगेन्द्र भवन, गंधर्व, शैलागम, क्रौंच, क्रूरपुर, विचित्र भवन, दुःखद, नाना क्रंदपुर, सुतप्त- भवन, रौद्र नगर, पयोवर्षण, शीतादय, बहुभीति। इनके आगे यमपुर है। यम के पाश (बंधन) में बंधा हुआ वह पापी जीव मार्ग में रोता हुआ अपने घर को छोड़कर यमलोक को जाता है।

यमलोक को जाने वाला मनुष्य अनेक कष्टों को सहन करता हुआ पीड़ित होता रहता है। उसकी पीड़ा का अंत नहीं होता। वह अपने कर्मों के विषय में चिंतन करता हुआ अनेक दुःख भोगता है। इस पर भी यदि वह दुबारा जन्म प्राप्त करता है। तब उसी प्रकार भगवान को भूलकर कर्म करता है।

■■

द्वितीय अध्याय

भगवान नारायण से संक्षेप में यम लोक के विषय में सुनकर गरुड़जी ने कहा- हे भगवन्! यमलोक का मार्ग कितना दुखदायी है? यहाँ जीव पाप करने से उसमें कैसे जाता है? आप मुझे बताने की कृपा करें। नारायण भगवान ने कहा- हे गरुड़! यमलोक का मार्ग अत्यंत दुखदायी है। मेरे भक्त होते हुए भी उसे सुनकर तुम कांप जाओगे। उस यमलोक में वृक्षों की छाया नहीं है। जहाँ जीव विश्राम ले सकें और न तो वहाँ अन्न आदि है, जिससे जीव के प्राण का निर्वाह हो सके। न तो वहाँ कहीं जल दिखाई देता है, जिसे अति प्यासा प्राणी पी सके। वह प्यासा ही रहता है।

हे खगराज! उस लोक में बारहों सूर्य ऐसे तपते हैं, जैसे प्रलय के अंत में अग्नि रूप में तपते हैं। वहाँ ठंडक और हवा से जीव अत्यंत पीड़ित होता है। कहीं वह बड़े-बड़े विषैले सांपों से कटवाया जाता है, कहीं-कहीं कांटों से बिंधवाया जाता है और कहीं-कहीं घोर सिंह, व्याघ्र और कुत्तों से खिलवाया जाता है। कहीं बिच्छुओं से कटवाया जाता है और कहीं अग्नि से जलाया जाता है। इसके बाद विशाल एक असिपत्र-वन है, जिसका विस्तार दो हजार योजन का है। वह वन कौवा, गीध, उलूक और शहद की मक्खियों से भरा है और वन के चारों ओर दावाग्नि प्रचंड रहती है। जब कीट और मक्खियों के काटने से तथा अग्नि की गर्मी से वह जीव वृक्ष के नीचे जाता है तब तलवार के समान तेज उन वृक्षों के पत्तों से उसका शरीर छिन्न-भिन्न हो जाता है। कहीं अंधेरे कुएं में गिराया जाता है, कहीं पर्वत पर से नीचे गिराया जाता है, कहीं छुरों की धार के समान तीक्षा मार्ग में चलाया जाता है और कहीं-कहीं कीलों के ऊपर से चलाया जाता है। कहीं वह अंधकार युक्त गुफाओं में, कहीं जल में, कहीं जोंक से भरे कीचड़ में गिराया जाता है और जोंक से कटवाया जाता है। कहीं जलती हुई कीच में गिराया जाता है। कहीं जलते हुए बालू में चलाया जाता है। कहीं तांबे के समान जलती हुई पृथ्वी पर और कहीं अंगार-समूह में झोंका जाता है कहीं धुएं से भरे हुए मार्ग से चलाया जाता है। कहीं तांबे के समान जलती हुई पृथ्वी पर और कहीं अंगार-समूह में झोंका जाता है, कहीं धुएं से भरे हुए मार्ग से चलाया जाता है। कहीं पर आग की वर्षा, कहीं पत्थर के टुकड़ों की वर्षा, कहीं रक्त की वर्षा और कहीं गरम जल की वर्षा होती है। कहीं पर खारे कीचड़ की वर्षा होती है, कहीं पर बड़ी घोर गुफाएं होती हैं। कहीं कंदरा में घुसाया जाता है। इस तरह वह जीव निरंतर पीड़ा सहता है और उसका रूप ऐसे हो जाता है कि जैसे चारों तरफ विशालकाय बहुत ही गहरा अंधकार है और कहीं कष्ट से चढ़ने

योग्य शिलाएं हैं। इसके साथ कहीं पीप तथा रक्त से भरे कहीं विष्ठा से भरे कुंड हैं (जिनमें रहना पड़ता है)। मध्य मार्ग में एक वैतरणी नाम की विशाल नदी है जो देखने मात्र से भय देने वाली है जिसकी वार्ता सुनने से रोमांच हो जाता है। वह नदी एक सौ योजन चौड़ी है जिसमें पीब-रक्त भरा हुआ है और जिसका किनारा हड्डियों से बना हुआ है, जिसमें रक्त मांस और पीब के कीचड़ भरी है, जो बड़ी गहरी है तथा बड़े दुख से पार होने योग्य है और जो बड़े-बड़े घड़ियालों से पूर्ण है। इसमें मांस खाने वाले सैकड़ों प्रकार के पक्षियों का निवास है। यह नदी पापियों के लिए कठिनता से पार होने वाली है।

हे गरुड़! जैसे आग की ज्वाला से उबलकर कड़ाह में घी खौलता है उसी प्रकार पापी को आता देखकर उस नदी का जल खौलता है और वह नदी चारों ओर सूई के समान मुख वाले कीड़ों से युक्त है। वज्र के समान चोंच वाले गिद्ध और कौओं से वह नदी भरी है और भाज्य, घड़ियाल, मगर, झोंक, कछुआ और मांस-भक्षक जलचरों से भी वह भरी हुई है। उस नदी में छोड़ा गया पापी जीव भयानक रूप से रोता है- हे भाई! हे पुत्र! हे पिता! आदि-शब्द बार बार पुकारता है। जब वह पापी जीव भूख-प्यास से पीड़ित होता है तब वही रुधिर और मांस पीने और खाने को मिलता है। वह नदी रक्त पूर्ण तथा फेन से युक्त है। महा घोर गरजती हुई भय दायक उस नदी को देखने मात्र से वह पापी मनुष्य मूर्च्छित हो जाता है। उसमें अनेक प्रकार के सर्प और बिच्छू भरे है। उसमें गिरे हुए प्राणी की रक्षा करने वाला कोई नहीं रहता। वह पापी जीव नदी के सैकड़ों हजारों भंवरों में पड़कर नीचे पाताल को जाता है फिर क्षण में ऊपर आता है। इस तरह वह सर्वदा चलायमान रहता है।

हे गरुड़! पापी जीवों के पतन के लिए ही यह नदी बनाई गई है। ऐसी कठोर और अत्यंत दुःख को देने वाली नदी का आर-पार भी नहीं दिखाई देता है। इस प्रकार यम के मार्ग में अनेक प्रकार के दुखों को भोगते हुए रोता-चिल्लाता हुआ प्राणी यमलोक को जाता है। किसी को फांसी में बांधकर, किसी को अंकुशों से छीनकर, किसी को शस्त्रों से छेदते हुए यमदूत पापियों को यमलोक ले जाते हैं। यह यमलोक अत्यंत कष्टदायक है। यमदूत किसी की नाक में डोरी डालकर ले जाते हैं , किसी की कान में डोरी डालकर, किसी को काल-पाश में बांधकर, किसी को कौओं की तरह खींचते हुए पापियों को यमलोक ले जाते हैं। हाथ, गर्दन, पैर में श्रृंखला बांधकर और उन पर लोहे का भार लादकर उनको रास्ते में चलने के लिए कहते हैं। वहाँ पर भयानक यमदूत मुद्गर से मारते हैं और वह पापी और दुखी जीव मुँह से खून गिराता है और फिर उसी को खाता है। फिर अपने किए हुए कर्मों को सोचता तथा ग्लानि करता हुआ अनेक प्रकार के दुखों को भोगता हुआ यमलोक को जाता है। वह अज्ञानी यम मार्ग में जाता हुआ 'हां पुत्र, हां पौत्र' कहकर

विलाप करता हुआ दुखी होता है। वह मन में सोचता है कि बड़े पुण्य से मनुष्य का जन्म मिला है उसको पाकर मैंने कुछ भी धर्म नहीं किया। न तो कुछ दान किया, न अग्नि में हवन किया, तपस्या भी नहीं की, और न देवताओं का पूजन किया, न विधिपूर्वक तीर्थों की सेवा की; इसी से हे शरीर! अपने किए कर्मों के फल को भोगो। न ब्राह्मणों का पूजन किया, न गंगा मान किया, न साधुओं की सेवा की और न कभी परोपकार किया। इसलिए हे देहिन! अपने किए कर्मों के फल को भोगो। पशु-पक्षियों तथा मनुष्यों के हित के लिए न निर्जल देश में जलाशय बनवाया, न गाय ब्राह्मणों की जीविका के लिए कुछ दान दिया, इससे हे आत्म! अपने किए कर्मों के फल को भोगो। न नित्य रूप से अन्न-दान किया। न गायों को कभी पर्याप्त तृण आदि दिया है, न वेद-शास्त्र के अर्थों पर श्रद्धा की है, न कभी पुराणों को सुना है, और न तो कभी कथावाचक व्यास का पूजन किया है। इससे हे देहिन अपने किए कर्मों के फल को भोगो। मैंने अपने स्वामी की आज्ञा का न कभी पालन किया, न अपना पतिव्रत धर्म पालन किया, न कभी बड़ों का आदर-सत्कार तथा सेवा की; इसलिए हे शरीरी अपने किए कर्मों को भोगो। स्त्रियों का परम धर्म पति की सेवा करना ही है यह जानते हुए भी जिस स्त्री ने पति की सेवा नहीं की, पति के मरने पर सती भी नहीं हुई, विधवा होने पर तपस्या नहीं की, इसलिए अपने कर्मों का फल प्राप्त करो। मैंने अपने पूर्व कर्मों द्वारा अत्यंत दुखदायी नारी-शरीर पाया उससे न तो मासोपवास, न तो चांद्रायण व्रत ही किया, और न नियमों के द्वारा उस शरीर को सार्थक किया। इस प्रकार स्त्री-पुरुष जीव अनेक प्रकार से विलाप करता हुआ अपने पहले कर्मों को स्मरण करता है और शरीर की याद करता हुआ उसके विषय में सोचता है और तब इस तरह यम के मार्ग में जाता है।

इसके आगे भगवान नारायण ने गरुड़जी से कहा-मनुष्य प्रेत रूपी जीव के समान वायु के समान सत्रह दिन तक चलता है। अठारहवें दिन वह सौम्य-पुर नामक नगर में पहुँचता है। वहाँ पर बड़े-बड़े प्रेतों के गण रहते हैं। यहाँ एक सुंदर वट वृक्ष भी है और एक नदी है। इस नदी का नाम पुष्प भद्रा है। जीव यहाँ पर यमदूतों के साथ निवास करता है और अपने सब तीर्थों और स्त्री, पुरुष, पुत्र आदि को याद करता हुआ दुख प्राप्त करता है। यहाँ पर मनुष्य मित्र आदि की चिंता करता है तो उस समय यमदूत उससे पूछते हैं कि अब तुम्हारे मित्र और साथी कहाँ गए। अब तो अपने किए हुए कर्मों का फल ही भोगना है। अपने कर्मों का फल भोगते हुए काल के द्वारा निर्धारित मार्ग पर चलो। यम के दूत इस प्रकार कहते हैं कि तुम हमारे बल को नहीं जानते। तूने कभी ऐसा प्रयत्न ही नहीं किया जिससे तेरी यम मार्ग से यात्रा न हो (अर्थात् तूने अपने जीवन में पुण्यों का संचय नहीं किया जिससे नरक यातना न झेलनी पड़े)। अब तो निश्चित है कि तुझे यमलोक में चलना है। सामान्य बालक भी यमलोक को जानता है और परलोक यात्री क्या तूने

कभी ब्राह्मण के मुख से पुराण की कथा सुनी है, और क्या कभी अनुभव किया है कि यमलोक में बहुत याचना होती है। इस तरह से कहकर पापी प्राणी को यमदूत मुद्गरों से मारते हैं। वह मूर्च्छित होकर गिरता है, डरकर भागता दौड़ता है, फिर गिर पड़ता है और यमदूत उसे फिर पकड़कर यातना देते हैं। यमदूत उसे घसीट कर ले जाते हैं। वह जीव अपने घर से तेरहवें दिन चलता है और सौम्यपुर में सत्रह दिन के बाद पहुँचता है। वहाँ जाकर अपने पुत्रों के द्वारा श्राद्ध का भोजन करता है। इसके बाद फिर सौरीपुर नामक स्थान पर जाता है। सौरीपुर में जंगम नाम का एक राजा यम के स्वरूप वाला ही विद्यमान रहता है। उसको देखकर जीव भयभीत हो जाता है और वहीं विश्राम करता है।

इसके उपरांत तीन पक्ष के श्राद्ध में वहाँ पहुँचकर प्रदत्त अन्न-जल का भोजन करता है। यह उप नगर इसके उपरांत उसके द्वारा पार किया जाता है। फिर वह सेन भवन में पहुँचता है और इसे अत्यंत भयानक वन के रूप में देखकर दुखी होता है और रोता है। यह वह स्थल है जहाँ यमदूत उसे बार-बार खींचते और घसीटते हैं। वह जीव इस वन को दो महीने में पार करता है। यहीं पर वह अपने घर वालों के दिये हुए द्विमासिक श्राद्ध का अन्न भोजन प्राप्त करता है और खा-पीकर फिर यमदूतों के साथ आगे चल देता है। तीन महीने में वह जीव का प्रेत गंधर्व पत्तनपुर पहुँचकर पिंड का वह भोजन करता है जो उसके परिवार वालों द्वारा दिया जाता है। चौथे महीने में शैलपुर नाम के नगर में पहुँचता है और वहाँ पर वह प्रेत पत्थरों की वर्षा से बहुत दुखी होता है क्योंकि उसके ऊपर पत्थर ही पत्थर गिरते हैं और फिर उसके बाद वह चौथे मास के पिंड को खाकर थोड़ा-बहुत सुख प्राप्त करता है। उसके बाद वहाँ से जाकर वह पांचवें महीने में क्रौंचपुर में पहुँचता है। वहाँ क्रौंचपुर में स्थित पांचवें महीने में श्राद्ध खाता है और उसके बाद क्रूरपुर नामक स्थान में पहुँचता है। इस क्रूरपुर में अनेक कठोर प्राणी रहते हैं। जब जीव प्रेत इनके बीच में पहुँचता है तो पांच महीने के बाद 15 दिन व्यतीत होने पर अन्न जल खाता है। और फिर वहीं रुकता है। थोड़ी देर रुकने के बाद वह फिर यमदूतों के साथ आगे बढ़ जाता है। थोड़ी देर के बाद से फिर यमदूत उसे ताड़ना- प्रताड़ना प्रारंभ कर देते हैं। यमदूत उसे बुरी तरह घसीटते हैं और इस तरह घसीटा जाकर वह फिर उस नगर से आगे चलता है। यहाँ से आगे जाने के बाद जीव चित्र- भवन नाम के नगर में पहुँचता है। इस चित्र भवन स्थान पर यमराज का छोटा भाई विचित्र नाम का यमराज राज्य करता है। यह विचित्र बड़े शरीर वाला है और बहुत भयानक लगता है। जब जीव इसे देखता है तो बहुत घबराता है और उसे देखकर भागना चाहता है। लेकिन वह परवश हो जाता है। इसके बाद वह वैतरणी नदी के किनारे पहुँचता है। यहाँ पर वैतरणी नदी को पार कराने के लिए अनेक मल्लाह खड़े होते है। ये मल्लाह जीव से आकर बात करते हैं और कहते हैं कि हम

वैतरणी नदी को पार कराने वाले हैं। पास में ही नौका है। यदि तुमने अपने जीवन में पुण्य किए हो तो तुम इस नौका पर आकर बैठ जाओ और यदि नहीं तो हम कुछ नहीं कर सकते। जो व्यक्ति ज्ञान चक्षुओं से देखते हुए दान करता है वही वैतरणी को पार कर सकता है और दान में गोदान का महत्व बहुत अधिक है अर्थात् गोदान करने वाला व्यक्ति वैतरणी को पार करने का अधिकारी हो जाता है। इस तरह यमपुर के मार्ग में अपने को असमर्थ पाकर पापी व्यक्ति केवल देव का स्मरण करके ही रह जाता है। यमराज के दूत उस उबलती हुई नदी को देखते हैं तथा उस जीव को दिखाते हैं। उस उबलती हुई नदी में वे उस पापी को छोड़ देना चाहते हैं। अपनी यह दशा देखकर जीव दर्द से चिल्लाता है। यमदूत जीव को उस नदी में फेंक देते हैं, जिस जीव ने दान किया होता है वह उस उबलते हुए पानी से तैरकर नदी को पार कर लेता है और जिसने दान नहीं किया होता है वह उसमें डूबता है। इसके बाद आकाश में विहार करने वाले यमदूत उस प्रेत के मुख में कांटा फंसा देते हैं और डूबते हुए प्रेत को मछली की तरह से घसीट कर नदी के पार पहुँचाते हैं। यहाँ आकर प्रेत या जीव छठे महीने में दिया गया श्राद्ध खाता है और फिर उसके आगे की यात्रा करता है। वह बहुत भूखा होता है और भूख से व्याकुल होकर पूरे मार्ग में विलाप करता रहता है।

यहाँ पर यमदूत उसे ब्रह्मापद नगर में ले जाते हैं और जब वह वहाँ पहुँचता है तो अपने पुत्रों के द्वारा दिया गया सातवें महीने का श्राद्ध का अन्न खाकर संतोष प्राप्त करता है। इसके आगे भगवान नारायण गरुड़जी से कहते हैं कि हे गरुड़जी, ब्रह्मापद नगर को पार कर जीव दुखदपुर नगर में पहुँचता है और वहाँ आकाश मार्ग से चलता हुआ अनेक तरह के दुखों को भोगता है। यहाँ उसे आठवें महीने के श्राद्ध में दिया गया अन्न जल आदि मिलता है और वह भोजन करता हुआ आगे चल देता है। नवां महीना पूरा होते ही वह नाना क्रन्दपुर जाता है। वहाँ पर नानाक्रंद गणों को देखकर दुख से बहुत चिल्लाता और पश्चाताप करता है। यहाँ पर यमदूत उसे फिर से बहुत धमकाते हैं और प्रताड़ित करते हैं। इसके बाद वह दसवें महीने में सुप्त भवनपुर जाता है। वहाँ पहुँचकर दसवें महीने के पिंड दान को प्राप्त करता है लेकिन अतृप्त रह जाता है। इसके बाद रौद्र नगर में वह ग्यारह महीने में पहुँचता है यहाँ पर फिर से श्राद्ध का अन्न खाता है। इस तरह श्राद्ध के जल-अन्न को पी-खाकर वह 15 दिन के बाद पयोवर्षण नगर में पहुँचता है। यह नगर बड़ा विचित्र है। यहाँ पर जीव के प्रेत को दुख देने वाले बादल बरसते रहते हैं जो उसे चैन नहीं लेने देते। इसके बाद इसी स्थल पर थोड़े-बहुत समय में दिए गए श्राद्ध के अन्न को अत्यंत कष्ट पूर्वक खाता है। जब वर्ष पूरा हो जाता है तो जीव का प्रेत शीताढ्य नगर में पहुँचता है। यह स्थान ऐसा है जहाँ हिमालय पर्वत से भी अधिक ठंडा वातावरण रहता हैं यहाँ पर आकर जीव न केवल

भूख से पीड़ित होता है बल्कि उसे शीत भी सताने लगती है। इस तरह यहाँ फिर वह ठंड और भूख से पीड़ित होकर चारों दिशाओं में देखता हुआ अपने किसी बंधु-बांधव को छूने की कोशिश करता है और यह सोचता है कि यदि कोई अपना बंधु हो तो वह हमारी सहायता करेगा इस दुख को मिटाएगा। यह सोचने पर यमदूत उसे चेतावनी देते हैं कि क्या तूने ऐसे पुण्य किए हैं जो यहाँ आने पर कोई तेरी मदद करे। तू किस पुण्य के बल पर अपने दुःखों को कम करना चाहता है। तूने ऐसा कौन-सा पुण्य किया है जिससे तेरे पाप नष्ट हो सकते हैं। जब जीव को यमदूत ऐसा कहते हैं तो वह बहुत पीड़ित होता है और वर्ष के अंत में दिए गए श्राद्ध के पिंडदान को खाकर धैर्य धारण करता है। एक वर्ष बीत जाने पर वह यमलोक के पास ही बहुभीतिपुर में जाता है और फिर जो छोटा-सा शरीर उसे मिला होता है उसका त्याग करता है।

मनुष्य जीव अपने कर्मों के फल को भोगने के लिए ही अंगूठे के समान दुःख से भरे हुए शरीर को पाकर यमदूतों के साथ जाता है। जिन जीवों ने मृत्यु के समय कोई भी दान नहीं किया और उसके न करने से धर्म संचय नहीं किया वे यमदूतों के द्वारा बांधे गये दृढ़ बंधनों में पड़कर बहुत कष्ट उठाते हैं। हे गरुड़ महाराज! यह सारा विवरण धर्मराज के नगर के चार द्वारों में से एक दक्षिण मार्ग का विवरण है। मैंने तुम्हें बताया कि दक्षिण मार्ग से किस तरह से मनुष्य जीव जाता है और किस तरह उसे यातनाएं मिलती हैं। वह किस रूप में भूखा-प्यासा जाता हुआ किन-किन रूपों में कष्ट सहता है। अब इसके आगे तुम बोलो कि क्या सुनना चाहते हो?

■■

तृतीय अध्याय

भगवान के कहने पर गरुड़जी ने उनसे निवेदन किया कि हे प्रभु! इस पूरे यम मार्ग को पार करके जीव जब यमलोक में पहुँचता है तो वहाँ जाकर कौन-कौन-सी यातनाएं भोगता है अब आप मुझे यह बताइए। गरुड़जी के यह प्रश्न करने पर भगवान नारायण बोले कि मैं तुम्हें आद्योपांत इसका वर्णन करता हूँ। यह नरक वर्णन ऐसा है जिसे सुनकर मेरे भक्त लोग भी कांप जाते हैं और तुम भी कांप जाओगे।

हे गरुड़! बहुभीतिपुर के आगे 44 योजन के विस्तार का बड़ा भारी धर्मराज का नगर है। यमपुर में पहुँचकर जीव हाहाकार पूर्वक चिल्लाता है। उसके इस तरह चिल्लाने को सुनकर यमपुर में रहने वाले धर्म ध्वज नाम के द्वारपाल उसके विषय में चित्रगुप्त से जीव के सब शुभ-अशुभ कर्मों को कहता है। इसके बाद चित्रगुप्त जाकर उस प्राणी के शुभ- अशुभ कर्मों को धर्मराज से निवेदन करते हैं। हे गरुड़! जो नास्तिक हैं, सदा पाप कर्म में लगे रहते हैं, धर्मराज उन्हें भली भांति जानते हैं। उस पर भी उनके पापों को चित्रगुप्त से पूछते हैं फिर चित्रगुप्त सब कुछ जानते हुए भी मनुष्यों के पापों को श्रवण से पूछते हैं। स्वर्ग, भूमि, पाताल में विहार करने वाले श्रवण ब्रह्मा के पुत्र हैं और उनको दूर से सुनने और दूर से देखने का विशेष ज्ञान है। उनकी स्त्रियां भी उन्हीं के समान दूर तक देखने और सुनने वाली होती हैं (परंतु उनके नाम अलग-अलग हैं)। स्त्रियों के जितने काम हैं उनको वे सब अच्छी तरह जानती हैं। वे सब श्रवण- श्रावणी मनुष्यों के छिपे हुए कर्मों, प्रकट किए कर्मों, कही हुई बातों तथा व्यवहार और किए हुए कार्यों के तत्त्व को जानते हैं। वे सब उसी तरह चित्रगुप्त से कह देते हैं। धर्मराज के दूत मनुष्यों के मन, वचन और शरीर से किए शुभ- अशुभ संपूर्ण कर्मों को भली- भांति जानते हैं। सत्य बोलने वाले श्रवण लोग मनुष्य और देवताओं के सभी कर्मों को जानने की शक्ति रखते हैं अत : वे सबकी बातें धर्मराज से कह देते हैं। किंतु व्रत, दान तथा सत्य आदि व्यवहारों से जो भक्त मनुष्य उनको प्रसन्न करते हैं उनके लिए वे स्वर्ग और मोक्ष को देने वाले हैं। वे सत्यवादी श्रवण पापियों के पापकर्म को जानकर धर्मराज के सामने कहकर पापियों के लिए दुखदायी होते हैं। सूर्य, चंद्रमा, वायु, अग्नि, आकाश, भूमि, जल, हृदय (आत्मा), यम, दिन, रात्रि, दोनों काल की संध्या और धर्म के मनुष्यों के आचरण को जानने वाले हैं। धर्मराज चित्रगुप्त यमराज श्रवण और सूर्य आदि देवता हैं।ये शरीर में रहकर सब प्रकार के पाप और पुण्य को देखते रहते हैं। इस प्रकार यमराज पापी मनुष्यों के पापों और दुर्गुणों को भली भांति जानकर उस पापी जीव को बुलाकर अपना भयंकर स्वरूप

और प्रभाव दिखाते हैं। वह पापी प्राणी दंड हाथ में लिए बहुत लंबे शरीर वाले भैंसे के ऊपर बैठे हुए यमराज के भयंकर स्वरूप को देखता है। उनका प्रलयकाल के मेघ के समान गर्जन है, कज्जल पर्वत के समान ऊंचा और काला शरीर है, जो बिजली के समान चमकने वाले शस्त्रों को धारण किए हुए हैं। वे बत्तीस भुजाओं वाले हैं, उनका तीन योजन का विस्तृत शरीर है, बावली के समान विशाल नेत्र हैं, जिनके भयानक दांत और मुख, लाल नेत्र और लंबी नासिका है। काल, ज्वर, व्याधि आदि की सेना के सहित मंत्री चित्रगुप्त भी भयानक आकृति के हैं और उनके साथ यमराज के समान आकृति वाले यमदूत लोग भी अत्यंत भयानक गर्जन करते हैं। उन यमराज को देख भयभीत होकर वह पापी प्रेत 'हाय' कह पुकारता है और दान धर्म न करने से वह पापी जीव पुनः चिल्लाता है। ऐसे चिल्लाते हुए और अपने कर्मों को सोचकर पछताते उस जीव से चित्रगुप्त जी यमराज की आज्ञा सुनाते हैं कि अरे पापियों, मूर्खों! तुम लोगों ने अभिमान से प्रमत्त होकर क्यों पाप को इकट्ठा किया है? काम, क्रोध और पापियों की संगति से उपार्जित इस दुख देने वाले पाप को तुमने क्यों किया है? वे कहते हैं कि तुम पहले बड़े हर्ष से पाप कर्म करते हो अब वैसे ही हर्षित होकर यातना भी भोगो। अब तुम क्यों दुःखी होते हो? तुम्हारे किए हुए पाप ही तुम्हारे दुख के कारण हैं इसमें कुछ धोखा नहीं किया जाता है। मूर्ख या पंडित में प्रबल,निर्बल में दरिद्र, धनवान में यमराज समान बर्ताव और न्याय करने वाले हैं। चित्रगुप्त के वचन को सुनकर पापी जीव अपनी कमी को सोचता हुआ मौन होकर निश्चल हो जाता है। धर्मराज भी चोर की तरह निश्चल बैठे उस प्राणी को देखकर उसके लिए शुभाशुभ कर्मों के योग्य दंड की आज्ञा उसको देते हैं। उसके उपरांत वे निर्दयी दूत ताड़ना देकर कहते हैं कि हे पापी निर्दय! तुम घोर और भयंकर नरक को जाओ। यमराज की आज्ञा पाकर दुर्दंड, प्रचंड, चंड आदि दूत उन सब पापियों को एक फंदे में बांधकर नरक की ओर ले जाते हैं। वहाँ जलती हुई अग्नि के समान महा विशाल एक वृक्ष है। उसका विस्तार पांच योजन का है एक योजन की उसकी ऊंचाई है। उस वृक्ष की डाली में नीचे को मुख करके उस पापी प्राणी को सीकड़ से बांधकर भयंकर ताड़ना देते हैं। उस वृक्ष में बंधा हुआ जलता हुआ जीव रोता है परंतु वहाँ उसकी रक्षा करने वाला कोई नहीं रहता। उस सेमल के वृक्ष में अनेक पापी लटके हुए यातना भोगते होते हैं और भूख-प्यास से पीड़ित होते हुए यमदूतों द्वारा ताड़ित किए जाते हैं। सहायक हीन वे पापी दूतों से हाथ जोड़कर कहते हैं कि हे दूतों हमारे अपराध को क्षमा करो। इस प्रकार कहने पर भी उन पापी प्राणियों को लोहे की लाठी, मुद्गर, तोमर, गदा और भाला तथा मूसल आदि से यमदूत मारते हैं। मारने से जीव मूर्च्छित हो जाते हैं। उनको इस प्रकार मूर्च्छित देखकर यमदूत लोग इस प्रकार कहते हैं- हे पापी दुराचारी! तुमने ऐसे दुष्ट कर्म क्यों किए हैं? प्यासे को जल पिलाना, भूखे को

अन्न देना आदि सरल काम तूने क्यों नहीं किया है? आधा ग्रास भी तूने कभी कुत्तों और कौवों को दान रूप में नहीं दिया है? न तो घर पर आए हुए अतिथि को सत्कार और नहीं पितरों का तर्पण किया है। हे जीव! अपनी यातना खाने के लिए न तो तूने कभी यमराज तथा चित्रगुप्त का ध्यान किया और न कभी इनके मंत्रों का जाप किया। न तो तूने कोई तीर्थ किया न देवताओं का पूजन किया। गृहस्थाश्रम में रहते हुए भी तूने कभी अन्न-दान नहीं किया जिससे तुझे इतनी यातना न भोगनी पड़े। न तो तूने साधुओं की सेवा की इससे अपने कर्मों के फल को भोग जिस कारण तूने अधर्म को संचित किया है। इसलिए यमराज की आज्ञा से दंड भोग। हरि भगवान ही अपराध के क्षमा करने वाले हैं हम लोग तो उनकी आज्ञा से दंड देने वाले हैं। ऐसा कहकर वे निर्दयी होकर ताड़ना करते हैं, जलते हुए अंगार के सदृश ताड़ने से वे नीचे गिर जाते हैं। उनके गिरने से पत्तों की तरह शरीर कट जाता है और उन जीवों को वृक्ष के नीचे रहने वाले कुत्ते खाते हैं इनसे वे पापी रोते है। रोते हुए उस जीव के मुख में धूलि भरकर रस्सियों में बांधकर मुद्गरों से मारते और शूलों से ताड़ना देते हैं। इसके बाद जैसे लकड़ी चीरी जाती है वैसे किसी भी पापी को आरी से चीरकर दो भाग किए जाते हैं। किसी को पृथ्वी में लिटाकर कुल्हाड़ियों से टुकड़े-टुकड़े किए जाते हैं। किसी का आधा शरीर जमीन में गाड़ कर उसके माथे में तीर से मारते हैं और किसी को निर्मम होकर कोल्हू में डालकर ईख के समान फेरते हैं। कुछ जीव जलते हुए अंगार सहित अधजली लकड़ियों को चारों ओर से इकट्ठा करके लोहे के गोले के समान तपाए जाते हैं। किसी को खौलते हुए घी के कड़ाह में, किसी को तप्त तेल के कड़ाह में डालकर पकौड़े के समान इधर-उधर चलाया जाता है। किसी को मार्ग में मतवाले हाथी के आगे डाल दिया जाता है कोई हाथ-पांव बांधकर नीचे को लटकाए जाते हैं। कोई कुएं में गिराए जाते हैं कोई पर्वत से गिराए जाते हैं कोई कीड़ों के कुंड में डुबाए जाते हैं और कोई कीड़ों से कटवाए जाते हैं। उन सब जीवों के वज्र के समान कठोर चोंच वाले, मांस को चाहने वाले गिद्ध और कौवे आदि चोंचों से शरीर को नोचते हैं, आँखों में ठोट मारते तथा मुँह के मांस को चोंच से काटते हैं। कोई अपने ऋण को माँगता है- अब तुमको मैंने यमलोक में देखा है। तुमने मेरा धन खाया है। नरक में ऐसे झगड़ा करने वाले पापियों के मांस सिंडासी से काटकर यमदूत लोग उन मांगने वालों को देते हैं। यम के दूत इस प्रकार उन पापियों को दंड देकर यम की आज्ञा से अंधतामिस्र आदि अनेक नरकों में डाल देते हैं। नरकों में तो अनेक प्रकार के दुख भोगने ही पड़ते हैं। परंतु उस सेमल वृक्ष के नीचे जो ताड़ना दी जाती है वह मुख से पूरा तरह वर्णित नहीं की जा सकती!

हे गरुड़! चौरासी लाख नरक हैं। उनमें से अत्यंत घोर और कष्ट देने वाले इक्कीस मुख्य हैं। उनके नाम ये हैं- महारौरव, तामिस्र, लोहशंकु, कुड्मल, शाल्मली, रौरव, कालसूत्रक, लोहितोद,

पूतिमृत्तिक, संघात, सविष, सम्प्रतापन, महानिरय, काकोल, अविचि, संजीवन, महापथ, अंधतामिस्र, कुंभी पाक, संप्रतान, एकतपन। जीव को इन इक्कीस नरकों में अनेक प्रकार की पीड़ा भोगनी पड़ती है। ये नरक अनेक प्रकार के पापों के फल देने वाले हैं। इन सभी में यमदूत निवास करते हैं। इन नरकों में पड़े अज्ञानी, पापी अधर्मी, उन नरकों की यातना को वर्षों तक भोगते हैं। तामिस्र, महापथ, अंधतामिस्र और रौरवादिक जितने नरक हैं, उनका भोग स्त्री-पुरुष के संभोग वाले पाप से भोगना पड़ता है। इस प्रकार कुटुंबियों का पालन करने वाले अलग होते हैं और कुटुंब का पालन न कर अपना पेट भरने वाले पापी इस लोक में कुटुंब और देह दोनों को छोड़कर परलोक में जाकर इस प्रकार यातना सहते हैं। इनका पाप का पूरा घड़ा भरा होता है और ये सब उसका फल भोगते हैं। सब प्रकार के दंड स्वरूप फल को भोग कर मनुष्य भोगने वाला शरीर यहीं छोड़कर द्रोह रूपी पाप का संबल लेकर अंधकार-स्वरूप अंधतम नरक को जाते हैं। कुछ ऐसे हैं जो केवल अधर्म से ही कुटुंब पालने को तैयार रहते हैं, वे जीव घोर अंधकार के स्थान अंधतामिस्र नरक को जाते हैं। जिसको मनुष्य लोक में जन्म मिलता है वह पहले यातनाओं को भोग कर फिर पवित्र भूलोक में आता है। इस तरह यमलोक का यह स्वरूप अत्यंत भयानक है।

■■

चतुर्थ अध्याय

श्री गरुड़जी ने पूछा- हे भगवन्! किन-किन पापों से इस यम के विस्तृत मार्ग में जीव जाते और किन पापों से वैतरणी में गिरते हैं? किन पापों से नरक में जाते हैं? कृपा करके बताइए।

श्री भगवान नारायणजी ने कहा-जो मनुष्य सदा अशुभ कामों में लगे रहते हैं, तथा शुभ कर्मों से दूर रहते हैं। वे एक नरक से दूसरे नरक में, एक दुख से दूसरे दुख, और एक भय से दूसरे भय के द्वारा दुख झेलते हैं। किंतु धर्मात्मा प्राणी तीन द्वार से अर्थात् पूर्व, पश्चिम और उत्तर के द्वारों से यमपुर जाते हैं। पापी और दुष्ट केवल दक्षिण के द्वार से ही यमपुर को जाते हैं। यह पूरा विवरण मैं तुमसे कहता हूँ, सुनो! दक्षिण द्वार के मार्ग में महा-दुख देने वाली वैतरणी नदी है, उसमें भी अपने कर्मानुसार पापी जाते हैं, उनका वर्णन मैं करता हूँ।

ब्राह्मण को मारने वाले, गौ को मारने वाले, बालक-वध करने वाले, स्त्री को मारने वाले, गर्भपात कराने वाले और गुप्त पापों को करने वाले वैतरणी में डूब जाते हैं। गुरु के द्रव्य को, देवता के द्रव्य को, तथा स्त्री के द्रव्य को, बालक के द्रव्य को, जो हरण करते हैं और जो ऋण को लेकर नहीं देते हैं, विश्वासघात करते हैं और जो अन्न में विष मिलाकर खाने को देते हैं, दूसरे के दोष को ग्रहण करने वाले, गुण को छिपाने वाले, गुणवानों से ईर्ष्या करने वाले, नीच की संगति करने वाले, सत्संग से दूर रहने वाले, तीर्थों की, सज्जनों की, शुभ कर्मों की गुरु और देवताओं की निंदा करने वाले, पुराण, वेद, मीमांसा, न्याय, वेदांत आदि शास्त्रों पर दोष देने वाले दुखियों को देखकर प्रसन्न होने वाले, प्रसन्न को दुःख देने वाले, और दुष्ट वचन कहने वाले, दुष्ट स्वभाव वाले, अच्छे वचनों को न सुनने वाले, शास्त्र के वचन पर विश्वास न करने वाले, शास्त्र पुराण को न सुनने वाले, योग्य पुरुष को भी देखकर घमंड करने वाले, मूर्ख होते हुए भी अपने को पंडित समझने वाले वे सब और धर्महीन पापी दिन-रात दोनों समय यम मार्ग में जाते हैं। अब मैं तुम्हें बताता हूँ कि यमदूतों द्वारा ताड़ित होते हुए जो प्राणी वैतरणी को जाते हैं, और जो पातकी जीव उस नदी में गिरते हैं उनको भयानक कष्ट होता है। जो लोग माता, पिता, गुरु, आचार्य और पूज्य जनों का अपमान करते हैं वे पापी प्राणी वैतरणी में डुबाए जाते हैं। जो लोग पवित्र, शीलवती, कुलीन, विनय युक्त स्त्री का द्वेष से परित्याग करते हैं वे वैतरणी में गिरते हैं। जो लोग सज्जनों में तथा साधुओं में हजारों गुणों के रहते भी दोष का आरोप किया करते हैं और उनका अपमान करते हैं वे लोग वैतरणी में गिरते हैं। जो मनुष्य ब्राह्मण के लिए अपने मन में प्रतिज्ञा करके दान नहीं देता है अथवा बुलाकर नहीं देता है ये दोनों सदा उसी वैतरणी में गिर जाते हैं। जो दान देकर

छीन लेते हैं अथवा दान देकर पीछे पछतावा करते हैं और जो दूसरों की दी हुई जीविका को हरण कर लेते हैं अथवा दान देने वाले को जो रोक देते हैं; वे वैतरणी में गिरते हैं। जो यज्ञ का विध्वंस करने वाले हैं, जो कथाओं में विश्व करने वाले हैं और जो खेत की सीमा को तथा गाय के चरने की भूमि को जोत लेते हैं वे सदा वैतरणी में कष्ट झेलते हैं। जो ब्राह्मण गुड़, चीनी, शहद, मिठाई, घी, दूध, लवण आदि को बेचने वाला है, वृषली (अकुलीन) स्त्री के पति और वेद में कहे यज्ञ के अतिरिक्त अपने लिए पशुओं को मारने वाला है, तथा ब्राह्मणों के कर्म से भ्रष्ट, मांस खाने वाला, मदिरा पीने वाला, निरंकुश स्वभाव वाला, शास्त्रों के अध्ययन से रहित, जो शूद्र वेद के अक्षर को पढ़ता, और कपिला गौ का दूध पीता है, जनेऊ धारण करता है और ब्राह्मणी का पति होता है। जो राजा की स्त्री की इच्छा करता है, जो परायी स्त्री का हरण करता है, जो कन्याओं से भोग करता है और पतिव्रता कुलशीला स्त्रियों से छल करता है वह वैतरणी नदी में डूब जाता है। इस प्रकार जो लोग अत्यंत निषिद्ध आचरण को निर्भय करते हैं और शास्त्र में विहित आचरण का त्याग करते हैं, वे पापी वैतरणी में गिरते हैं। इन उक्त मार्गों को लांघकर पापी यमलोक को जाते हैं; फिर यम की आज्ञा को पाकर वे यमदूत उनको वैतरणी में डालते हैं।

भगवान नारायण ने पूर्व गिनाए गए 21 नरकों के विषय में बताते हुए कहा कि हे गरुड़! सब नरकों में मुख्य जो इक्कीस नरक है उनमें सबसे अधिक पीड़ा देने वाली वैतरणी में यमदूत पापियों को यम की आज्ञा से निर्ममता से डालते हैं। जिसने काली गऊ का दान नहीं किया है और ऊर्ध्व-दैहिक क्रिया जिन्होंने नहीं की है वे प्राणी उन नरकों में कठिन दुख को भोग कर उस वैतरणी के किनारे उत्पन्न वृक्षों पर जाते हैं। झूठी गवाही देने वाले, झूठे धर्म का आचरण करने वाले, छल से धन इकट्ठा करने वाले और चोर की वृत्ति से जीविकोपार्जन करने वाले, ऊंचे वृक्षों को काटने वाले, वन बगीचा या फुलवाड़ी को नष्ट करने वाले, व्रत तीर्थों के त्यागी, विधवा के शील को नष्ट करने वाले तथा जो स्त्रियां अपने पति में दोष देकर दूसरे पुरुष का ध्यान मन से करती है, ऐसे सब पापी-जिनके विषय में पहले कहा गया है सेमल के वृक्ष में अनेक प्रकार की यातना भोगते हैं। उस वृक्ष पर लटके हुए पापी दंड दिए जाने पर जब गिरते हैं- तब दूत उनको नर्क में डालते हैं।उन नरकों में जो गिराए जाते हैं, उनके पापों को मैं तुमसे कहता हूँ।

ईश्वर को न मानने वाले, दान का खंडन करने वाले, परंपरा का उल्लंघन करने वाले, अपने कर्म तथा आश्रितों (पुत्र, स्त्री, देवता, अतिथि और सेवक आदि) को दुःख देने वाले, संसार के विषय में संलग्न, संसार को ठगने के लिए दंभ करने वाले, और दूसरों के किए हुए उपकार को न मानने वाले घोर नरक में जाते हैं। कुआँ, बावली, तालाब, देवालय और प्रजाओं का नाश

करने वाले इन नरकों को बड़े कष्ट से भोगते हैं। यह भी जानना चाहिए कि जो स्त्री, बालक, सेवक तथा गुरुजनों को न देकर अकेले भोजन करते हैं और देवता, पितर तथा बलि विश्वदेव आदि यज्ञों को न करके भोजन करते हैं वे निश्चय ही नरक में आते हैं। जो कांटों से, पुल से, लकड़ी से, पत्थरों से या कंटीले (लोहे के तार) आदि से मार्ग को रोकते हैं वे निश्चय नरक में जाते हैं। जो अज्ञानी शिव, पार्वती, विष्णु ,सूर्य, गणेश, सद्गुरु और पंडित की सेवा और पूजा नहीं करते हैं वे निश्चय नरक में जाने वाले होते हैं। जो ब्राह्मण अपने धर्म को भूलकर दासी के संग शैया पर सोता है वह नरक को जाता है, और, जो शूद्र की स्त्री से अपनी संतान पैदा करता है वह ब्राह्मणत्व से नष्ट हो जाता है। वह ब्राह्मणों में अधर्म है। ऐसे ब्राह्मण को नमस्कार तथा पूजा आदि नहीं करनी चाहिए। जो अज्ञानी देवता आदि से विमुख रहते हैं वे अवश्य नरक गामी होते हैं। जो मनुष्य ब्राह्मणों के युद्ध को और गौओं के संघर्ष को दूर नहीं करते हैं बल्कि अनुमोदन करते हैं वे निश्चय नरक को जाते हैं। जिन स्त्रियों को पति ही एक शरण है, ऐसी स्त्री के पास ऋतुकाल में भी वैर से यदि उसका पति नहीं रहता है तो वह अवश्य नरक को भोगता है। जो काम से अंधे होकर रजस्वला स्त्री के साथ संभोग करते हैं और पर्व में तथा जल में या दिन में तथा श्राद्ध के दिन स्त्री से संभोग करते हैं वे निश्चय ही नरक को जाते हैं। जो अपने शरीर के मल को अग्नि या जल में डालते हैं, बगीचा में तथा गौओं के स्थान में मल-मूत्र करते हैं, वे निश्चय नरक गामी होते हैं।

जो मनुष्य अपने धर्म का आचरण नहीं करते जो तलवार आदि शस्त्रों तथा तीर धनुष को बनाने वाले तथा बेचने वाले हैं, वे निश्चय नरक को जाते हैं। चमड़े को बेचने वाला वैश्य, चरित्र को बेचने वाली स्त्री और विष का विक्रय करने वाले निश्चय ही नरक को जाते हैं। जो दीन अनाथ पर दया नहीं करते हैं और जो सज्जनों से द्वेष करते हैं जो बिना अपराध के किसी को दंड देते हैं वे निश्चय ही नरक को जाते हैं। जो मनुष्य आशा से युक्त घर में आए हुए याचक ब्राह्मण को रसोई में तैयार होने पर भी भोजन नहीं देते हैं, वे भी निश्चय ही नरक को जाते हैं और सब जीवों में अविश्वास करने वाले और दया न करने वाले, समस्त प्राणियों के साथ कुटिलता करने वाले निश्चय नरक ही को जाने वाले होते हैं। संध्यावंदन, कृच्छ, चांद्रायण आदि नियम को प्रतिज्ञा पूर्वक अंगीकार करके पीछे इंद्रियों के वश में होकर छोड़ देते हैं, वे पुरुष निश्चय नरक को जाते हैं। अध्यात्म विद्या देने वाले को जो गुरु नहीं मानते हैं, पुराण बांचने वालों को भी जो गुरु के भाव से नहीं देखते हैं, वे निश्चय ही नरक को जाते हैं। जो मनुष्य मित्रों से द्रोह करते हैं, जो प्रीति-भंग करते हैं, जो आशाओं पर तुषारापात करते हैं, वे भी निश्चय ही नरक को जाने वाले होते हैं।

जो पुरुष विवाह को, देव यात्रा को, और तीर्थ यात्रियों को नष्ट करते हैं, वे निश्चय नरक में बसते हैं, वहाँ से वे फिर पुनः नहीं लौटते हैं। घर में, ग्राम में तथा वन में आग लगाने वाले को यमदूत पकड़कर अग्निकुंड में पकाते हैं जब अग्नि में शरीर जलने से वह पापी प्राणी छाया माँगता है तब उसको यमदूत पकड़कर (पूर्वोक्त) असिपत्र वन में ले जाते हैं। तलवार के समान तीखे पत्तों के लगने से जब शरीर कट जाता है, तब यमदूत कहते हैं कि हे पापी! ठंडी छाया में सुख की निद्रा ले ले। जब वह पापी पानी पीने को माँगता है तब यमदूत उसको पीने के लिए अत्यंत गरम तेल देते हैं और कहते हैं कि लीजिए खाइए पीजिए। उस गरम तेल को पीते ही उस जीव की अंतड़ी जल जाती है और वह मूर्च्छित होकर गिर पड़ता है। बड़ी कठिनाई से किसी प्रकार उठकर बड़ी दीनता दिखाते और परवश होने के कारण लंबी सांसें लेते हैं, कुछ कहने में भी असमर्थ रहते हैं। इस तरह अपकर्म करने वाले पुरुष नर-नारी कष्ट झेलते हैं।

भगवान नारायण ने कहा-हे गरुड़! पापियों की यातना को मैंने इस प्रकार कहा है, पर इतने से क्या होता है इनका वर्णन सब शास्त्रों में विशेष रूप किया गया है। पापी प्राणी जितने भी स्त्री-पुरुष हैं वे इस प्रकार हजारों कष्टों को सहकर प्रलयकाल पर्यंत घोर नरक में जाते हैं। वे भयानक पाप के अक्षय फल को भोग कर सृष्टि के आरंभ में नरक ही में जन्म लेते हैं, अर्थात् नरक में रहने वाला शरीर ही उन्हें प्राप्त होता है, वे पृथ्वी पर आकर यमराज की आज्ञा से वृक्षादिको की योनि में जन्म लेते हैं। वृक्ष, गुल्म, लता, वल्ली, पर्वत, तृण, घास, फूल आदि की स्थावर संज्ञा है, अर्थात् इनको स्थावर कहते हैं। कीट, पशु, पक्षी, जलचर आदि 84 लाख देवयोनियां हैं। इनमें भ्रमण करके मनुष्य का शरीर मिलता है, परंतु जो नरक से आकर मनुष्य होते हैं वे चांडाल आदि की योनि में जम लेकर पूर्वकृत पाप-चिह्न से बहुत दुखी होते हैं। स्त्री हो चाहे पुरुष, नरक के ये चिन्ह गलित कुष्ठ, जन्म के अंधे तथा और भी भयानक रोगों से पीड़ित रहते हैं।

मनुष्य को यह समझ लेना चाहिए कि मानुष जन्म के पाप जीवनपर्यंत, अनेक जन्मों में उसका पीछा करते हैं! अत: मनुष्य को दुष्ट कर्मों से बचना चाहिए।

■■

पंचम अध्याय

ऋषियों के यह पूछने पर कि अपने दुष्ट कर्मों से मनुष्य कैसे छुटकारा पा सकता है, शौनिक जी बोले- हे मुनि! यह गरुड़ पुराण सुनकर ही मनुष्य को कर्तव्य बोध होता है। किसी भी श्रेष्ठ उद्देश्य की पूर्ति के लिए सदा सत्पुरुषों का संग करना और असत्पुरुषों का संग त्याग करना चाहिए। जो अपना और अन्यों का सच्चा हित करे उसी को बंधु समझना चाहिए। जिसमें अच्छे गुण और विचार पाए जाएं और जो धर्म की भावना रखता है वही सच्चा जीवन जीता है। जिसका धन नष्ट हो जाता है वह घर-बार त्यागकर तीर्थ-सेवन के लिए चला जाता है, पर जो सत्य और धर्म से भ्रष्ट हो जाता है वह तो रौरव नरक में ही जाता है। जो किसी को वचन देकर उसका पालन नहीं करते जो चुगली किया करते हैं, झूठी गवाही देते है, मद्यपान करते हैं वे सब नरक की घोर कष्टदायक वैतरणी नदी में निवास करते हैं। किसी के घर में अग्नि लगाने वाला, स्वयं विष देने वाला, स्वयं दान करके फिर उसका अपहरण करने वाला, खेत, पुल आदि सार्वजनिक स्थानों को नष्ट करने वाला, परायी स्त्री से दुराचार करने वाला व्यक्ति भी वैतरणी में महाकष्ट पाते हैं। जो कृपण हैं, नास्तिक हैं, क्षुद्र स्वभाव वाले हैं, सदा क्रोध करते रहते हैं, स्वयं अपनी ही बात को प्रमाण बतलाने वाले हैं, अत्यंत अहंकारी हैं, कृतघ्नी, विश्वासघाती हैं, वे सब वैतरणी नदी में दीर्घ-काल तक नारकीय स्थिति में पड़े रहते हैं।

यह सुनकर ऋषियों ने कहा है-हे सूत जी! आप हम लोगों को यह बताइए कि ऐसा कौन-सा देव है जिसका ध्यान करना चाहिए? इस जगत का सृजन, पालन और संहार करने वाला कौन हैं? परम पूज्य उस देव का कैसा स्वरूप है? इस जगत का सर्ग किस प्रकार से माना गया है? वह सर्वोपरि, विराजमान, सर्वेश्वर किन व्रतों के द्वारा परम प्रसन्न एवं संतुष्ट हुआ करते है और किस योग से प्राप्त किया जाता है? सर्वेश्वर के कौन-से अवतार होते हैं और किस प्रकार से उनकी वंश आदि से उत्पत्ति हुआ करती है? चारों वर्गों और चारों आश्रमों का प्रवर्तक कौन हैं?

इस पर शौनिक जी ने-व्यास और ब्रह्मा का संवाद सुनाया। व्यास ने ब्रह्माजी से कहा था-हे ब्रह्मन्! पहले हरि भगवान ने सबसे महान् अर्थ वाले गरुड़ पुराण को देवों के साथ शिवजी को क्यों सुनाया था? तब ब्रह्माजी ने व्यास से कहा-एक बार मैं समस्त देवों को साथ लेकर कैलाश पर्वत पर गया था। वहाँ पर मैंने परम पद के ध्यान में स्थित भगवान रुद्र देव का दर्शन किया था। हम लोगों ने उनको नमस्कार करके उनसे पूछा था-हे भगवान शंकर! आप किस देव का ध्यान कर रहे हैं क्योंकि आपसे परे तो अन्य कोई भी देव नहीं है। मेरे इस प्रश्न का उत्तर रुद्र देव ने देते

हुए कहा था- मैं उस परमात्मा विष्णु का ध्यान किया करता हूँ जो सभी कुछ प्रदान करने वाले सर्वत्र गमन करने वाले समस्त प्राणियों के हृदय में स्थित और सर्व स्वरूप हैं। हे पितामह! भस्म से संपूर्ण शरीर को मल करके सिर पर जटा धारण करने वाले मेरी उसी भगवान विष्णु के आराधना करने की प्रवृत्ति है।

समस्त भूलों के प्रभु भगवान नारायण हैं-उनमें मणियों की भांति यह संपूर्ण विश्व में स्थित रहा करता है और वे ही इस सृष्टि में गुण भूत होकर प्रवेश करते हैं।

वह ऋतु-एकाक्षर ब्रह्मा और सत अथवा असत् से भी परे हैं। जिसकी अर्चना ये सभी यक्ष-राक्षस और किन्नर किया करते हैं। अग्नि जिसका मुख है, दिवा लोक जिसका मूर्धा है, आकाश नाभि, चरण क्षितिज, चंद्र और सूर्य जिस परमात्मा के दोनों नेत्र हैं, मैं उसी देव का निरंतर ध्यान एवं चिंतन किया करता हूँ।

इसके बाद भगवान ने योग के विषय में कहा- श्री हरि ने कहा-इसके अंतर अब मैं परम योग के विषय में बतलाता हूँ। हे महेश! उस योग को अब तुम सुनो। भगवान विष्णु संपूर्ण प्रकार के पापों को विनाश करने वाले, सबके ईश्वर, अनंत और पद्म भूमि से रहित हैं। वे ही वासुदेव, जगन्नाथ, और ब्रह्मात्मा हैं। ये ही देहधारियों में स्थित रहते हुए नित्य हैं, सब प्रकार के देहों से पृथक हैं। उन्होंने बताया था कि मैं देह के सभी तरह के धर्मों से रहित एवं क्षर तथा अक्षर से विहित हूँ। छः प्रकारों में स्थित रहने वाला द्रष्टा, श्रोता, भ्राता, इंद्रियों की पहुँच से परे हूँ। उनके धर्मों से रहित होकर सृजन करने वाला और नाम एवं गोत्रों से रहित हूँ। मन में स्थित रहने वाला महादेव हूँ किंतु स्वयं मन से अपरिवर्तित रहने वाला हूँ। मन के जो कुछ धर्म होते हैं उन सबसे रहित हूँ और मैं विज्ञान तथा ज्ञान का स्वरूप हूँ। मैं सभी कुछ को बांध रखने वाला-बुद्धि में स्थित सबका साक्षी हूँ अर्थात् देखने वाला होते हुए भी स्वयं बुद्धि से रहित हूँ। जो लोग अपने मन में ऐसा ध्यान कर के योग करते हैं वे परम पद को प्राप्त होते हैं।

इसके बाद प्रभु ने बताया कि यह जान लेना चाहिए कि भजन करना, यज्ञ करना, दान लेना, ब्राह्मणों को दान देना, वेद शास्त्रों का अध्ययन करना तथा अध्यापन करना ये द्विज के श्रेष्ठ धर्म होते हैं। दान देना-अध्ययन करना और यज्ञ कर्म करना-ये क्षत्रिय और वैश्य के कर्म हैं। क्षत्रिय का कर्म दंड देना तथा वैश्य का कर्म कृषि करना ही उचित कहा जाता है। ब्राह्मण क्षत्रिय और वैश्य इस द्विजातियों की सेवा करना ही शूद्रों का धर्म-साधन कर्म होता है और शूद्रों का कर्म

और धर्म यज्ञ की जीविका का साधन होता है। भिक्षाचरण करना-गुरु की सेवा करना और स्वाध्याय करना, संन्यास कर्म और अग्नि कार्य हवन आदि करना-ये ब्रह्मचारी के धर्म कृत्य होते हैं। समस्त आश्रमों के दो प्रकार होते हैं। आगे इस प्रकार से 4 भेद होते हैं। ब्रह्मचारी ब्रह्म का आचरण करते नैष्ठिक और ब्रह्मतत्पर होते हैं। ब्रह्मचारी विधिपूर्वक गुरु के पास ब्रह्मचर्य विधि से रहकर वेदों का अध्ययन करें और फिर समावर्तन करके गृहस्थ आश्रम को ग्रहण करें। जो ब्रह्मचारी गृहस्थाश्रम में प्रवेश करके मरण पर्यंत ब्रह्म कर्म, अतिथियों की सत्कारपूर्वक सेवा-यज्ञ करना-दान देना और ब्रह्मचर्य का पालन करता है यह गृहस्थ का धर्म पालन करता है। गृहस्थ उदासीन और साधक भेद से दो प्रकार का हुआ करता है। जो अपने कुटुंब के भरण-पोषण में युक्त रहा करता है वह साधक गृही होता है। देव, ऋषि और पितर इन तीनों के ऋणों को दूर कर अर्थात् चुकाकर फिर अपनी भार्या और धन-वैभव का त्याग कर एकाकी विचरण किया करता है वह मौक्षिक उदासीन होता है। वन में निवास करने वाले का यह धर्म होता है कि भूमि में शयन करे, वन के फूल और फलों का भोजन करे, स्वाध्याय करे, तपश्चर्या करे और यथा न्याय संविभाग करे। तपस्या से जो अत्यंत कमजोर होता हुआ निरंतर ध्यान में ही परायण रहता है उसे वानप्रस्थ आश्रम में रहने वाला संन्यासी ही समझना चाहिए। जो पुरुष आत्मा में ही रति रखने वाला नित्य, तृप्त, सम्यक तथा चंदन संपन्न महामुनि होता है वह योग भिक्षु कहा जाता है। भिक्षा माँगना, शास्त्र पढ़ना तथा वेद का ज्ञान, मौन व्रत धारण करना, तपश्चर्या, विक्षेप रूप से ध्यान लगाना और भली- भांति ज्ञान एवं वैराग्य रखना ये ही भिक्षु का धर्म कहा गया है। इसका पालन करने से परम पद मिलता है। संन्यासी तीन प्रकार के होते हैं। कुछ तो ज्ञान संन्यासी होते हैं अर्थात् ज्ञान के बल से हृदय में सबका पूर्ण त्याग भाव रखने वाले होते हैं, दूसरे वेद संन्यासी हुआ करते हैं और तीसरे प्रकार के कर्म संन्यासी होते हैं। योग भी तीन प्रकार के होते हैं- भौतिक योगी, क्षेत्र योगी और तीसरा योगी मूर्ति समन्वित अंत्याश्रमी होता है। प्रथम में प्रथम भावना होती है- और दुष्कर मोक्ष की भावना होती है और तीसरे में अंतिम परमेश्वरी भावना हुआ करती है। धर्म से मोक्ष हुआ करता है, और अर्थ से काम की उत्पत्ति होती है। इस तरह से वैदिक कर्म प्रवृत्ति परक और निवृत्ति परक दो प्रकार का होता है।

जो ज्ञानपूर्वक कर्म होता है यह निवृत्ति परक होता है और जो युक्ति एवं देव परक कर्म होता है यही प्रवृत्ति कर्म कहा जाता है।

सत क्रिया वाले ब्राह्मणों का पालन न्याय कहा गया है। संग्रामों में पलायन न करने वाले प्राणियों को इंद्र का स्थान दिया गया है। अपने धर्म का अनुवर्तन करने वाले वैश्यों का मारुत स्थान होता है। परिचर्या में सर्वदा संलग्न रहने वाले शूद्रों को गांधर्व स्थान बताया गया है। इसके आगे मैं अन्य स्थानों के विषय में बताता हूँ।

सप्त ऋषियों का स्थान वन में रहने वाले यात्रियों का स्थान होता है जो यथोचित होते हैं और न्याय करने वाले तथा ऊर्ध्वरेता होते हैं, वह आनंद ब्रह्मा स्थान है जहाँ से फिर मुनि पुनरावर्तित नहीं हुआ करता है। योगियों का व्योम संज्ञा युक्त परमाक्षर अमृत स्थान होता है। वह आनंदमय तथा परम स्थान है जहाँ से फिर मानव का किसी भी रूप में पुनरावर्तन इस संसार में नहीं होता है।

आठ अंगों के विशेष ज्ञान से मुक्ति हुआ करती है। उसे मैं संक्षेप में बताता हूँ। उसका श्रवण करो। अहिंसा आदि पांच यम होते हैं। प्राणियों की कायिक, वाचिक एवं मानसिक हिंसा का न करना ही अहिंसा कही जाती है। भूतों का हित करने वाला भाव ही सत्य होता है। पराई वस्तु को न ग्रहण करना अस्तेय है। मैथुन न करना ब्रह्मचर्य होता है। समस्त वस्तुओं का परिग्रह न करना ही त्याग है। सत्य आदि पाँच नियम होते हैं। ब्रह्मा और आभ्यंतर के भेद दो प्रकार से होते हैं। शौच सत्य एवं संतोष है। तपश्चर्या-इंद्रियों का निग्रह है-स्वाध्याय मंत्रों का जप है-प्राणायाम हरि का भजन है-पद्म आदि आसन हैं-वायु पर विजय प्राप्त कर लेना ही प्राणायाम होता है। मंत्र के ध्यान से जो संपन्न होता है वह परम कहा जाता है। इस प्रकार से वह दो एवं तीन प्रकार का होता है। पूरण करने से वह पूरक होता है। निश्चल होने से कुंभक और रेचक से रेचक कहा जाता है।

बारह मात्राओं वाला लघु प्राणायाम होता है और चौबीस मात्राओं वाला दीर्घ प्राणायाम होता है तथा छत्तीस मात्राओं से युक्त परम श्रेष्ठ प्राणायाम होता है। प्राण रोकने को ही प्रत्याहार कहते हैं। ब्रह्मात्म चिंतन करने को ध्यान कहते हैं। मन की वृत्ति को ही धारणा कहा जाता है। "मैं ही ब्रह्म हूँ"- इस प्रकार की जो अंतःस्थिति कर लेता है वह ब्रह्मा की स्थिति को प्राप्त हो जाता है उसे ही समाधि कहा जाता है। मैं आत्मा हूँ, ब्रह्मा पर है और वह सत्य एवं ज्ञान स्वरूप तथा अनंत है। ब्रह्मा का विज्ञान ही आनंदमय है और वह केवल तत्त्वमसि है। मैं ब्रह्मा हूँ। मैं-बिना शरीर वाला और इंद्रियों से रहित हूँ- मैं मन, बुद्धि, अहंकार आदि से शून्य हूँ और जाग्रत, सुषुप्ति आदि से युक्त उसी का ज्योति स्वरूप हूँ। मैं शुद्ध बुद्धि-युक्त, सत्य एवं आनंद रूप को प्राप्त

साधना का चरम हूँ और इस रूप में मैं आत्म स्वरूप अद्वितीय हूँ। यह जो आदित्य पुरुष है वह मैं ही अखंडित हूँ इस प्रकार से अपने आपको ध्यान करने वाला ब्राह्मण इस संसार महा-बंधन से विमुक्त हो जाता है।

इसके बाद चौदह मनुओं के विषय में पूछने पर हरि ने कहा- अब हम चौदह मनुओं के विषय में बतलाते हैं और उनके सुत शुक आदि को बताते हैं पहले स्वायंभुव मनु हुए थे तथा अग्नि धादि उनके पुत्र हुए थे। मरीचि, अत्रि, अंगिरा, पुलस्त्य, पुलह, ऋतु और महान् तेज वाले बशिष्ठ ये सात ऋषिवृंद बताए गए हैं। ज्याख्य, अभिताख्य: शुक्र तथा याम और द्वादशगण इन सब को सोमपायी कहा जाता है। इनका शत्रु विश्वभुक, वाम देवेन्द्र, वाष्कलि हुआ था। वह दैत्य भगवान विष्णु के द्वारा चक्र से मारा गया था। इसके अनंतर स्वारोचिष मनु हुए थे। उनका पुत्र मंडलेश्वर चैत्रक, विनत, विद्युत् रवि वृहद्गुण और महान बल तथा पराक्रम वाला था। ऊर्ज, स्तंब, प्राण, ऋषभ, निचल, दंभोलि और अर्ववीर ये सात ऋषि बताए गए हैं। बारह तुषित कहे गए हैं और पारावत बताये गये हैं। इस तरह से यह गणना पूरी होती है।

देवों का इंद्र विपश्चित था और उसका शत्रु पुरुकृत्सर था। भगवान मधुसूदन ने हाथी के रूप से उसको मारा था। औत्तम मनु के पुत्र ओज, परशु, विनीत, सुकृत, सुमित्र, सुवल, शुचि, देव देकबृध तथा महोत्सा मुख्य रुद्र थे। उस मन्वंतर में रथोजा, ऊर्ध्वबाहु, शरण, अनच, मुनि, सुलपा और शक्र ये सप्तर्ति बताए गए हैं। वशवर्ति-स्वधामान-शिव-सत्य और प्रतर्दन ये पाँच देवगण बताए गए हैं, वे सब बारह थे। एक स्वशांति नामक इंद्र था और उसका शुक्र प्रलंब नामधारी दानव था। उस दानव को मत्स्य का स्वरूप धारण करने वाले हरि विष्णु ने नष्ट किया था। वामस नामक मनु के पुत्र जानुर्जय, निर्णय, नव-ख्याति, नृप-द्रियमृत्य, विनिक्षिप, हबुकधि, प्रस्तला, कृतबंधु कृत थे और ज्योतिधाया, धृष्ट, काव्य, चैत्र, श्वेताग्नि, हेमक, ये सात मुनि बताए हैं। सुरागा और स्वधिग हरि थे तथा देवताओं के चार पाँच वंशक गुण हुए थे। इनका स्थान प्रमुख था।

इनका इंद्र शिवि और उसका शत्रु भीमरथ कहा गया है। भगवान हरि ने कूर्मावतार धारण कर भीमरथ असुर का वध किया था। रैवत मनु के पुत्र, महाप्राण साधक-वन कधु-निरमित्र, प्रत्यंग, पराहा, शुचि दृढ़व्रत और केतु शृंग हुए थे।

अब हम मन्वन्तर के ऋषियों का वर्णन करते हैं। इनमें देव श्री-वेदबाहु- ऊर्ध्व-हिरण्य रोमा-पर्जन्य-सत्य नामा और स्वधाम थे। अभूतरज, देवश्वमेघ, बैकुंठ और अमृत ये चार देवों के गण कहे जाते हैं। इन गणों में चौदह सुर थे। उनका प्रतापवान विभु इंद्र हुआ था। उसका शत्रु शांतासुर हुआ था और इस दैत्य को हंस रूप धारी भगवान विष्णु ने नष्ट किया था।

अब हम चाक्षुष मन्वंतर के विषय में बतलाते हैं। चाक्षुष मनु में पुत्र ऊरु-पूरु-महाबल-शतघुम्न- तपस्वी-सत्याबाहु-कृति-अग्निविष्णु अतिरात्र सुघुम्न तथा नय हुए थे। इनमें ही हविष्मान-सुतनु, श्रीमान-स्वधामा-विरज- अभिमान-सहिष्णु और मधु श्री, ऋषि गण बताए गए हैं। ये सारे ऋषिगण, पूर्ववर्ती परंपरा में आते हैं।

इनमें आर्या, प्रसूता, भाव्य, लेखा और पृथुक ये देवों के पाँच गण कहे गए हैं। उनका मनोजव इंद्र था और इंद्र का शत्रु महाभुज, महाकाल हुआ था। भगवान हरि ने उसका वध लोकों के धारण करने वाले अश्व का स्वरूप धारण करके किया था।

अब वैवस्वत मन्वंतर को बतलाया जाता है। वैवस्वत मनु के पुत्र सव विष्णु परायण हुए थे। उनके नाम ये हैं, इक्ष्वाकु, नाभाख्य, विष्टिसर्जाति हविष्यंत, पाशुनभ, नेदिष्ट, करूप, प्रघुम्न। अत्रि, वसिष्ठ, भगवान जामदग्नि (परशुराम) कश्यप, गौतम, भारद्वाज और विश्वामित्र वे उस मन्वंतर के सात ऋषि हैं। इस क्रम में चालीस मरुद्गण कहे गए हैं और आदित्य, वसु और साध्य ये तीन द्वादशक गण थे तथा एकादश रुद्र हुए थे और अष्ट वसु थे। अश्विनीकुमार भी बताए गए हैं तथा दश विश्व देवताओं का भी वर्णन किया गया है।

दस अंगिरस देव हैं तथा नौ देवगण हैं। इनमें तेजस्वी नाम वाला इंद्र हुआ था और उसका शत्रु हिरण्याक्ष दैत्य था। उस दैत्य का भगवान विष्णु ने वराह अवतार लेकर वध किया था। अब हम सावर्ण्य भविष्य मनु के विषय में बतलाएंगे। सावर्ण्य मनु के पुत्र विषय, अर्ववीर, निदेह, सत्य, वाक् कृति गरिष्ठ वाच और संगति थे। अश्वत्थामा, कृप, व्यास, मालव, दीप्तिमान, ऋष्यभ, श्रृंग राम थे। उस मन्वंतर के सात ऋषि हैं। सुतपा, अमृताभा और मुख्या ये उन देवों के गण हैं जो अपनी शक्ति में पूरे हैं। इनका इंद्र विरोचन का पुत्र बलि हुआ जिसने भूमि के तीन पग की याचना करने वाले वामन रूपधारी विष्णु को सब कुछ देकर, ऋद्ध इन्द्र पद का त्याग करके सिद्धि को प्राप्त किया था।

अब इसके अंतर वारुणि, दक्ष सावर्णि नवम के पुत्रों को सुनो! ये सब धृष्टि केतु, दीप्ति केतु, पंच हस्त, निराकृति, पृथु श्रवा, व्रिद्युम्न, ऋचीक, वृहतो गुण, मेधातिथि, दयूति, सबल और वासु थे। इनके साथ ज्योतिष्मान्-हब्य-विभु और ईश्वर ये ऋषिगण हुए थे। इनमें मरीचि, गर्भ और स्वधर्मा ये तीन मुख्य थे। इनमें देवों का शत्रु कालक संज्ञा वाला है। उसका हनन करने वाले पद्मनाथ हुए हैं।

दशम मनु पुत्रों के नाम हैं- सुक्षेत्र, उत्तमौजा, भरिर्सण्य, वीर्यवान, शतानीक, निरमित्र, वृषसेन, जयद्रथ, भूरिघुम्न और सुवर्चा। इनका इन्द्र शांति नामधारी था। अयोमूर्ति, हविष्मान, सुकत, अव्यय, नाभाग, अप्रतिम और सौरभ ये मन्वंतर के ऋषिगण थे।

अब मैं ग्यारहवें मनु के पुत्रों को बतलाता हूँ-सर्वत्रग, सुशर्मा, देद्वानीय, पुरु, गुरु- क्षत्र वर्ण, इढषु, आर्द्रक हैं। हविष्यमान, हविष्य, वरुण, विश्व, बिस्तर, विष्णु और अग्नितेजा ये सात ऋषि हैं। विहंगम, कामगम, निर्माण, रुचि और एकैक रुचि उनके गण हैं। वृषि इंद्र हैं दशग्रीव उसका शत्रु है। इस तरह इनकी विशाल परंपरा है।

अब दक्ष पुत्र मनु के बारह पुत्रों का श्रवण करो- उनके नाम ये हैं- देववान्,उपदेव, देव, श्रेष्ठ, बिठूरथ,मित्रवाह, मित्रदेव, मित्रविन्दु, वीर्यवान, मित्रवाह, प्रुवाह ये सब दक्षपुत्र मनु के पुत्र हैं। तपस्वी, सुतपा, तपोभूर्ति, तपोरति, तपिघृत, द्यूत और अन्य ये तपोधन सात ऋषि हैं। स्वधर्मा, सुतपा, हरित, रोहित तथा सुरारि ये गण हैं और प्रत्येक के पास दक्ष गण हैं। ऋतधामा भद्र इंद्र हैं और उसके पास शत्रुतारक नाम वाला दैत्य है। हे शंकर हरि भगवान ने कार्तिकेय होकर उसका हनन किया।

अब तेरहवें रोच्य मनु के पुत्रों को जान लो। मैं उन्हें यहाँ बतलाता हूँ। उनके नाम चित्रसेन, विचित्र, तपोधर्म रत, धृति, सुनेत्र क्षेत्र वृति हैं। धर्मप, दृढ़, धृतिमान्, अव्यय, निशारूप, निरुत्सुक, निर्माण और तत्त्वदर्शी ये सात ऋषि बताए गए हैं। स्वरोमाण, स्वर्णमाण, स्वकर्म्मण देव गण हैं। उनके तैंतीस विभेद हैं जो कि वहाँ पर देवों के गण होते हैं। उनका आराध्य देवस्पति इंद्र है। उस इंद्र का शत्रु इष्ठिम नामक दानव है। इस दानव का हम माधव मयूर का स्वरूप धारण करके हनन करेंगे।

चतुर्दश मनु के पुत्रों के नाम ये हैं-उरु, गम्भीर, धृष्ट, तपस्वी, ग्राह, अभिमान, प्रवीर, जिष्णु, स्कंदन, तेजस्वी, दुर्लभ, अग्निध्र, अग्निबाहु तथा मागध, शुचि, अर्जित, मुक्त और शुक्र तपोरवि और श्रुत ये चौदहवें मनु के सात ऋषि हैं। चाक्षुष, कर्मनिष्ठ, पवित्र, भ्रांतिन और बाचा - ये पांच देवों के गण हैं जो कि स्थापक बताए गए हैं। उन देवताओं के इंद्र का नाम शुचि है। उसका शत्रु महा दैत्य है जिसके हनन करने वाले स्वयं भगवान हरि एक ही देव हैं। वही चार रूप से विद्यमान हैं। व्यास के रूप वाले विष्णु ने फिर समस्त पुराणों की रचना की है। अठारह पुराण, चार वेद, उन वेदों के छः अंग शास्त्र मीमांसा, न्याय शास्त्र का विस्तार, पुराण, धर्म शास्त्र, आयुर्वेद, अर्थशास्त्र, धनुर्वेद, गांधर्व वेद ये ही सब अठारह विद्याएं कही जाती हैं।

गरुड़जी ने पूछा कि अब आप अपने ध्यान का महत्त्व बताइए। श्री हरि ने कहा- अब मैं हरि के ध्यान रूप को तुम्हें बतलाता हूँ जो ध्यान इस माया तन्त्र का विच्छेदन करने वाला है। हे खग! वह हरि का ध्यान, मूर्त ध्यान एवं अमूर्त ध्यान इन भेदों से दो प्रकार का होता है। भाव रूप से स्मरण करना अमूर्त ध्यान होता है। वह तो मैंने तुमको पहले बतला दिया है। जब मैं भगवान हरि

अर्थात् स्वयं के मूर्त ध्यान को बतलाता हूँ। उसका श्रवण करो। करोड़ सूर्यों के समान प्रकाश वाले विष्णु और हरि भ्राजिष्णु होते हैं। कुंद के फूल और गाय के दूध के समान धवल वर्ण वाले हरि का ध्यान मुक्ति की इच्छा करने वालों को करना चाहिए। हरि का स्वरूप विशाल एवं परम सौम्य शंख से समन्वित है। भगवान हरि सहस्त्रों सूर्यों के तुल्य ज्वालाओं की मालाओं से उग्र रूप वाले चक्र को धारण करते हैं। हरि का स्वरूप परम शांत है। उनका दर्शन रूप परम शुभ है और गदा हाथों में धारण किए हुए हैं। रत्नों की आभा से अतीत जाज्वल्यमान महान् कीमती किरीट से सुशोभित हैं। वन माला धारी सुप्रभ समान अंशों से युक्त और सुवर्ण से भूषणों के शोभित श्री हरि ही रहते हैं। पद्मासन पर विराजमान परम सुन्दर वस्त्रों को धारण किए हुए शुद्ध देह वाला और सुन्दर कानों वाला श्री हरि का स्वरूप है।

श्री हरि का संपूर्ण शरीर हिरणमय है- सुंदर हार के कारण वे गले को शोभित करने वाले शुभ अंगदों को पहनने वाले हैं। अणिमा, महिमा आदि गुणों से युक्त तथा सृष्टि का संहार करने वाले हैं। भगवान का मूर्ति स्वरूप महा-मुनियों के द्वारा ध्यान करने योग्य हैं। वे असुरों के द्वारा भी ध्यान करने योग्य हैं और देवों के द्वारा भी ध्येय हैं। श्री हरि का मूर्त स्वरूप संतापों का नाश करने वाला है। वे शरणागत की रक्षा करने वाले, सुख करने वाले, सौम्य स्वरूप से युक्त और महान् ईश्वर हैं।

भगवान नारायण सब लोकों के हित संपादन करने वाले- सभी के स्वामी, सब के सुखकर, प्रिय सूर्य मंडल में स्थित, अग्नि में स्थित और जल में विराजमान हैं। वासुदेव प्रभु-संपूर्ण जगत का ध्यान रखने वाले सबके ध्यान करने के योग्य मुक्ति की इच्छा करने वालों के विष्णु हैं। मैं ही वासुदेव हरि हूँ, इस प्रकार से हरि का आत्म रूप से ध्यान करना चाहिए। जो लोग इस उक्त स्वरूप वाले विष्णु भगवान का इस रीति से ध्यान किया करते हैं वे परमोत्तम गति को प्राप्त होते हैं। याज्ञवल्क्य मुनि ने पहले इस प्रकार से सुरेश्वर विष्णु का ध्यान किया था, अतएव धर्मों का उपदेश करके परम पद को प्राप्त हुए थे। हे शंकर! जो इस मेरे बनाए हुए भगवान विष्णु के ध्यान का पठन किया करता है वह भी परमोत्तम गति को प्राप्त कर लेता है।

इसके उपरांत श्री सूत जी ने कहा-जो ध्रुव, अर्थात् परम निश्चित पदार्थों का, विषयों का त्याग करके अध्रुवों का सेवन करता है उस पुरुष के त्याग कर देने से ध्रुव भी नष्ट हो जाते हैं और जो अध्रुव हैं वे तो स्वयं ही नष्ट प्राय: होते हैं। बोलने के अंग से या शक्ति से हीन पुरुष की विद्या उसी प्रकार की होती है जैसे किसी कायर पुरुष के हाथ में दिया हुआ शस्त्र बेकार होता है। जिस तरह देखने के योग्य स्त्री भी किसी नेत्रांध की तुष्टि नहीं करती है। भोजन से योग्य पदार्थों का होना उन भोज्य पदार्थों के भोजन करने की शक्ति का रहना अर्थात् खाने तथा पाचन की शक्ति का

पाना, रमणी के साथ रति क्रिया करने की शक्ति, श्रेष्ठ वरांगना का पाना, वैभव का पाना और दान करने की शक्ति का हृदय विद्यमान रहना इन छः बातों का इस संसार में प्राप्त करना अर्थात् ये सब बातें बहुत बड़ी तपश्चर्या से ही प्राप्त हुआ करती हैं। वेदों का फल अग्निहोत्र होता है। शुभ का फल शील वृत्ति का होता है। दारा का फल यही होता है कि वह रति क्रीड़ा में पुत्र समुत्पन्न करे और धन का फल होता है कि दान दे और उसका पूर्ण उपयोग करे। प्राज्ञ पुरुष को चाहिए कि ऐसी कन्या के साथ विवाह संबंध करे जो किसी अच्छे कुल में उत्पन्न हुई हो चाहे वह विशेष रूप-लावण्य से हीन भी हो। उस अर्थ से भी क्या लाभ है जिसकी संगति अनर्थ में होती है। किसी शक्ति है कि सर्प की शिखा से उत्पन्न मणि को ग्रहण करें। दुष्ट कुल से भी गुणों को ग्रहण कर लेना चाहिए और बालक के मुख से निकला हुआ भी सुभाषित को प्राप्त कर लेवे, अपवित्र स्थान में भी गिरे हुए सुवर्ण को ले लेवे तथा स्त्री रत्न को दुष्कुल से भी ग्रहण कर लेना चाहिए।

मनुष्य को चाहिए कि वह कुल को भक्ति में नियोजित करें- पुत्र को विद्या में नियोजित करे- शत्रु को व्यसन में नियोजित करे और इष्ट को धर्म में नियोजित करे। नौकरों और आभरणों को उचित रूपों में अर्थात् समुचित स्थानों में ही प्रयुक्त करना चाहिए। पुष्पों के स्तवक (गुच्छ) की भांति मनस्वी की दो गति हुआ करती है; या तो समस्त लोकों के मस्तक पर यह रहते हैं या शौर्य से पतित होकर जीवन में ही पतित हो जाते हैं। कान के भूषण से संग्रहण करने के योग्य मणि यदि पैर में बांध दी जाती है तो क्या मणि वहां शोभा नहीं दिया करती है प्रत्युत वहाँ तो उसके योजित करने वाले की ही बुराई होती है।

मस्तक पर धारण करने वाला आभूषण कभी पैर में धारण करने पर शोभा नहीं देता है। चूड़ामणि को यदि कोई पांव में धारण करे तो इससे उसकी शोभा में फर्क नहीं पड़ता। वरन् धारण करने वाले की मूर्खता ही प्रकट होती है।

पराये का अपकार करने में कभी चिंतन नहीं करना चाहिए। धन के प्रयोग करने के कार्यों, विद्या के आगम कार्यों, आहार और व्यवहार में मनुष्य को सदा लज्जा के त्याग देने वाला रहना चाहिए। जिस स्थान पर धन संपन्न पुरुष श्रोत्रिय राजा, नदी पर या जहाँ वैद्य नहीं हो, वहाँ कभी भी नहीं रहना चाहिए। लोक, यात्रा, भय, लज्जा, दक्षिणा और दान शीलता ये पाँच जहाँ पर विद्यमान नहीं हों वहाँ पर तो एक दिन भी निवास नहीं करना चाहिए। समय का ज्ञाता ज्योतिषी, श्रोत्रिय, राजा, नदी और साधु ये पाँच जिस स्थान पर नहीं हों वहाँ वास नहीं करना चाहिए।

है शौनक! सभी बातें सभी पुरुष नहीं जाना करते हैं क्योंकि सर्वज्ञ कोई नहीं है। यह भी सच है कि सभी मूर्ख नहीं होते। जिनको उत्तम, मध्यम और नीच का ज्ञान होता है अर्थात् विवेक बुद्धि से उचित और अनुचित का निर्णय कर सकता है वही विद्वान् होता है।

राजा को सर्वदा गुणवान का ही आदर करना उचित है। सत्- असत् की विवेक-बुद्धि रखने वाले पंडित में सभी गुण हुआ करते हैं और मूर्ख में केवल दोष ही रहते हैं। मनुष्य निरंतर सत्पुरुषों के साथ संगति करे और सत्पुरुषों के साथ अपनी उठक-बैठक रखे। सत्पुरुषों के साथ विवाद और मैत्री भी करनी चाहिए। पंडित, वृंद, विनीतजन, धर्म के ज्ञाता और सत्यवादी पुरुषों के साथ बंधन में स्थित होकर भी अवस्थित रहे और खलों के साथ किसी भी राज्य में कभी नहीं रहना चाहिए। क्योंकि खल संग का परिणाम सर्वदा बुरा ही होता है। समस्त कार्यों को विशेष रूप से करके भी मनुष्य अर्थों से युक्त हुआ करता है। इस कारण से समस्त कार्यों को विशेष रूप ही करना चाहिए। मनुष्य को चाहिए कि राष्ट्र से करों के स्वरूप में इस प्रकार से धन का संचय करे जो उसके स्वरूप को कोई दोष न लगे और वह ज्यों का त्यों सुन्दर कुसुम की भांति सुखी सुशोभित बना रहे। गौ से क्षीर का जिस तरह दोहन किया जाता है वैसे ही भूमि का दोहन राजा को करना चाहिए। पेड़ पर मधु का जाल और शुक्ल पक्ष में चन्द्रमा तथा राजा का द्रव्य थोड़ा-थोड़ा करके ही बढ़ा करते हैं।

परम प्रशस्त कर्म में प्रवृत्ति रखते हैं ऐसे निवृत्ति भाव वाले पुरुष के लिए गृह ही तपोवन के तुल्य होता है। राग से निवृत्ति और सत्कर्म ही सच्चे पुरुष के मुख्यतः लक्षण हैं। सत्य से धर्म की रक्षा की जाती है और योग से विद्या की सुरक्षा होती है। भाग्य के नाश होने से ही संपदाओं का क्षय हुआ करता है, उपभोग करने से कभी भी संपत्ति का नाश नहीं होता है। यदि पूर्व जन्म का अर्जित सुकृत विद्यमान है तो संपत्ति का कभी भी नाश नहीं होता है। विप्रों का भूषण केवल विद्या, पृथ्वी का भूषण नृप, आकाश का आभूषण चंद्रमा है और शील सबका भूषण है। चंद्रमा के समान सुंदर सभी पांडव-भीमसेन और अर्जुन आदि अत्यधिक शूरवीर, सत्य प्रतिज्ञा वाले, दिनकर के शरीर वाले और साक्षात् केशव भगवान से रक्षित भी थे, किन्तु दुष्ट ग्रहों के फेर में अवस्थित होकर जंगलों में भटक गए और परवशता में स्थित हो गए थे, भिक्षा वृत्ति भी उन्हें करनी पड़ी थी। इसलिए यही ज्ञात होता है कि भाग्य के बदलने में कोई समर्थ नहीं हो सकता है। यह कर्मों की रेखा विधि के वश से अच्छे- अच्छों को भी भ्रमित करा दिया करती है। भाग्य सर्वोपरि और सबसे प्रबल हुआ करता है। इसके आगे किसी का भी वश नहीं चलता है-यह परम सिद्धान्त है।

जिस कर्म ने ब्रह्मा को एक कुम्हार की भांति नियमित कर दिया है, जिस कर्म ने विष्णु भगवान को भी अवतार धारण कर जंगल में महान् संकट में डाल दिया है, जिस कर्म ने महान्

देव रुद्र को भिक्षुक बना दिया है और जिस कर्म वश में सूर्यदेव नित्य-प्रति गगन में भ्रमण किया करते हैं उस परम प्रबल कर्म के लिए हमारा बारंबार नमस्कार है। राजा बलि के समान महान् श्रेष्ठ दान देने वाला-साक्षात् विष्णु वामन रूप धारण करने वाले याचक- भूमि जैसा परमोत्तमदान, किंतु विप्र के मुख में फल देकर भी राजा बलि ने इनके परिणाम में बंधन को प्राप्त किया था। हे देव! यथेष्ट फल देने वाले आपके लिए हमारा नमस्कार है। यदि माता साक्षात् स्वयं महालक्ष्मी हो और पिता साक्षात् भगवान जनार्दन हों तो भी यदि बुरी बुद्धि है या हो तो उसको सदा दंड धारण करना ही पड़ता है। जिस-जिस ने जैसा जो पहले कर्म किया है तो यह निश्चित है कि वह वैसा ही स्वयं अपने पुण्य या पाप द्वारा कृत कर्म का फल अवश्य ही भोगता है। इन कर्मों के फल को कोई शक्ति मिटाने वाली नहीं है। किए हुए कर्म का फल अवश्य ही भोगना पड़ता है। इससे बचाव कहीं भी नहीं हो सकता है। जिसका दुर्ग त्रिकूट था और उस राक्षस महाबली के पास युद्ध करने वाले योद्धा और सेवक थे-फिर भी उसे कष्ट सहना पड़ा। असुर गुरु उशना के द्वारा जिसने संपूर्ण शास्त्रों का अध्ययन किया था वह राक्षस राजा रावण भी काल से वश में आकर नष्ट हो गया था।

बालक, युवा और वृद्ध जो भी शुभ- अशुभ कर्म करता है, उनका फल जन्म-जन्मांतर तक भोगता है। कर्म का फल न मिले, यह संभव हो ही नहीं सकता।

जो प्राप्त होने के योग्य अर्थ होता है उसे मनुष्य अवश्य ही प्राप्त कर लेता है। क्योंकि ललाट में लिखी हुई लेखा को कोई भी बदल नहीं सकता है। दूसरों को प्रदान की हुई विद्या कभी भी कम नहीं होती है प्रत्युत वह दूसरों के देने पर अधिक बढ़ती है। कूप में रहने वाले पानी की तरह वह स्थायी होती है। जो अर्थ धर्म के द्वारा ग्रहीत होते हैं वे ही सत्य हुआ करते हैं और धर्मपूर्वक प्राप्त की गई श्री ही वास्तविक श्री है। इस लोक में धर्म को मानने वाला पुरुष महान होता है। अतएव अर्थ के कारण से उसका ही स्मरण रखना चाहिए। अन्न के चाहने वाला पुरुष अत्यंत कृपण होता है। वह जिन दुखों को भोगता है उन्हीं दुखों को यदि धर्म को मानने वाला पाए तो फिर किसी भी क्लेश का वह पात्र ही नहीं हो सकता है। परंतु यह ध्यान रखना चाहिए कि प्रयास करने पर भी मंत्र, बल, वीर्य, प्रज्ञा और पौरुष से मनुष्य अलभ्य पदार्थों को प्राप्त नहीं किया करते हैं। इसलिए इस अप्राप्ति के विषय में कुछ भी दुख नहीं मानना चाहिए जिसकी मैंने कभी याचना नहीं की थी उसे मैंने प्राप्त कर लिया था और मेरा भेजा हुआ वह फिर मुझसे चला गया है। जहाँ से वह आया था वहीं पर चला गया है अर्थात् जिस प्रदाता ने मुझे दिया था, उसी ने उसे पुनः ले

लिया है तो इसके लिए दुख मानने की कोई आवश्यकता ही नहीं होनी चाहिए। एक ही वृक्ष पर रात्रि के समय में इधर-उधर से अनेक पक्षियों का समागम हो जाया करता है। प्रातःकाल होने पर वे सभी जो एक साथ रहे थे विभिन्न दिशाओं में उड़कर चले जाया करते हैं तो इसके लिए कुछ भी परिवेदना नहीं करनी चाहिए। तात्पर्य यह है कि यह सांसारिक संयोग पिता-पुत्र और भाई-भतीजे आदि का भी ऐसा ही है। किसी एक ही स्वार्थ के संपादन करने के लिए प्रयाण करने वाले सब में जो कि कर रहे हैं उनमें कोई एक शीघ्रता से चलकर आगे निकल जाया करता है तो इनमें क्या दुख की बात है। संसार में भी यही आगे पीछे संसार त्याग करने का क्रम रहा करता है। हे शौनक! ये समस्त भूतों का आदि कारण अव्यक्त है-मध्यम में ये सब व्यक्त स्वरूप वाले होते हैं। इस सबका निधन भी अव्यक्त ही है। इसलिए इस विषय में दुख मानने की क्या बात है? जिसका समय नहीं आया है वह नहीं मरता; अन्यथा एक कुशा के अग्रभाग से भी मर जाता है और किसी उपाय से वह जीवित नहीं रहा करता है। मृत्यु का एक नियत समय होता है शेष सब तो केवल निमित्त मात्र ही होते हैं। जो प्राप्त होने वाले होते हैं उन्हीं को मानव प्राप्त किया करता है और जहाँ पर जाना सुनिश्चित होता है वहाँ पर जाया करता है। जिसके प्राप्त होने पर योग्य भाग्य में बदा है उन्हीं पदार्थों को मानव प्राप्त किया करता है। दुख और सुख भी उसी प्रकार से हुआ करते हैं।

भाग्य के अनुसार ही पर्ाप्ति हुआ करती है अत : किसी के लिए भी पर्लाप करना वृ्यर्थ है। पूर्व कर्म के फल ही उचित समय पर पर्ाप्त होते हैं। पूर्व जन्म तपश्चर्या ही समय आने पर फलवती होती है। भाग्योदय में कु ल, शील, विद्या, ज्ञान, गुण और बीज-शुद्धि सहायक हो सकते हैं पर उसका कारण नहीं बन सकते। जिस तरह सैकड़ों गौओं के समुदाय में बछड़ा अपनी माँ के ही पास पहुँच जाता है उसी पर्कार पूर्व जन्म के किए शुभाशुभ कर्म अपने कर्ता के पास पहुँच जाते हैं और तदनुसार उसे फल देते हैं।

हे द्विज! जो पुरुष राग और द्वेष से युक्त होते हैं उनको कहीं भी सुख प्राप्त नहीं हुआ करता है। विचार कर मैं भली भांति देख रहा हूँ कि सुख वस्तुतः वहीं पर होता है जहाँ निवृत्ति होती है। जहाँ पर स्नेह होता है वहाँ पर भय भी रहता है क्योंकि स्नेह दुख का आधार हुआ करता है। दुखों का मूल स्नेह होता है अतएव उस स्नेह के त्याग कर देने पर महान् सुख हो जाता है। यह शरीर ही दुख और सुख का आयतन होता है। जीवित और शरीर जाति के ही साथ उत्पन्न होता है। पराये अधीन सभी कुछ का रहना दुख होता है और सबका अपने अधीनता में रहना सुख होता है। संक्षेप स्वरूप से सुख और दुख का यही लक्षण होता है। इस संसार में मनुष्यों को सुख

और दुख एक चक्र की भांति परिवर्तित हुआ करते हैं। अर्थात् सुख के बाद दुख और दुख के पश्चात् सुख आया ही करता है। सुख के अनंतर दुख और दुख के अनंतर सुख आता है। चक्र का परिवर्तन भी इसी तरह नीचे से ऊपर और ऊपर से नीचे हुआ करता है। जो हो गया वह अतिक्रांत है। जो होने वाला है वह दूर है। जो वर्तमान से बरतता- है वह शोक से बाधित नहीं होता है।

श्री सूत जी ने कहा- इस संसार में कोई भी किसी का मित्र नहीं है और न कोई किसी का शत्रु है। यहाँ पर तो काम के वश होकर ही मित्र या शत्रु बना करते हैं। शोक से त्राण करने वाला, भय से सुरक्षा का संपादक तथा विश्वास का पात्र 'मित्र' - यह दो अक्षरों वाला उत्तम रत्न किसने सृजित किया है। जिसने केवल एक ही बार परम प्रीति एवं भक्ति भाव से 'हरि'- (भगवान के दो अक्षर का पुनीत नाम) का उच्चारण किया है उसने मोक्ष की प्राप्ति को गमन करने के लिए अपने परिकर को बद्ध कर लिया है। स्वभाव से समुत्पन्न मित्र में मनुष्य का जैसा परम संतुष्ट विश्वास होता है वैसा विश्वास अपनी माता, पत्नी, सहोदर, भाई और पुत्र में भी नहीं हुआ करता है। यदि सर्वदा परित्याग बनी रहने वाली प्रीति को स्थिर रखने की इच्छा है तो वहाँ पर तीन दोषों का सर्वथा त्याग कर देना चाहिए, द्यूत कीड़ा करना, धन के लेने-देने का प्रयोग और परोक्ष में स्त्रियों को देखना या उनसे संभाषण करने का काम। अपनी माता, भगिनी, पुत्री इसके साथ एक आसन पर कभी निवास नहीं करना चाहिए क्योंकि इंद्रियों का समुदाय अत्यंत बलवान होता है और यह महान् विद्वान् को भी आकर्षित कर लेता है अर्थात् महान् पाप कर्म करने की ओर खींच लिया करता है। अपने अधीन रहने वालों में विपरीत रति वाला काम नहीं होता है। जहाँ अपाय बध दंड है वैसा ही अनुवर्तन है।

हे शौनक! एक तो क्षण मात्र का समय नहीं मिल पाए, दूसरे, एकांत स्थल का मिलना कठिन हो, तीसरे, प्रार्थना करने वाला पुरुष न मिले तो ही स्त्री के सतीत्व की रक्षा हो जाती है। अन्यथा यदि ये तीनों बातें सुलभ हो सकती हों तो फिर नारियों का सतीत्व बच पाना महा कठिन ही होता है। एक पुरुष को तो वह नित्य प्रति सेवन किया करती है तो भी उसके चित्त में अन्य पुरुष के सेवन करने की रुचि बनी रहा करती है। पुरुषों की प्राप्ति न होने से ही नारी पतिव्रता रहा करती है। माता मदन से आतुर जिन कर्म कलापों को रहस्य में किया करती है पुत्रों को उन पर चिंतन नहीं करना चाहिए क्योंकि वे शील की विप्रतिपत्ति करने वाले होते हैं। निद्रा पराधीन होती है। हृदय के कृत्यों का अनुसरण सदा ऐसा हास्य शोक से भी रहित होता है। संसार में गणिका का जीवन ऐसा होता है कि उसका शरीर पैसे के प्राप्त करने के लिए सदा निरत रहता है और

विज्ञजनों के द्वारा उसका गला सदा विदारित रहा रहता है। वह बहुतों की उत्कंठा को संतृप्त की वृत्ति वाली, और बहुत से लोगों की इच्छा पूर्ण करने वाली मानी गई है। अग्नि, जल, स्त्रीगण, सर्प और राजकुल ये नित्य परोपसेव्य अर्थात् दूसरों के सेवन करने योग्य होते हैं और ये छः सद्यः प्राणों को हरण करने वाले भी हैं। इसमें कौन-सी आश्चर्य की बात है कि यदि शब्द शास्त्र में कुशल प्रिय पंडित होता है। यह भी कोई विचित्र बात नहीं है कि दंड नीति में कुशल विप्र धार्मिक हो। इसमें भी विचित्रता नहीं है कि रूप-लावण्य से संपन्न स्त्री साध्वी न रहे और यह भी कुछ अद्भुत बात नहीं है कि कोई निर्धन पुरुष कभी कोई पाप कर्म नहीं करता है।

वन में कोई एक ही वृक्ष हो जो सुगंध युक्त पुष्पों से परिपूर्ण हो तो उस एक सुवृक्ष से ही संपूर्ण वन सुवासित हो जाता है जैसे एक सुपुत्र से संपूर्ण कुल प्रख्यात हो जाया करता है। गुणों से संपन्न एक ही पुत्र सबसे श्रेष्ठ है गुण हीन सैकड़ों पुत्रों से क्या लाभ है जैसे कि अकेला चंद्रमा अंधकार को नष्ट कर देता है पर तारागण सहस्राधिक रहते हुए भी अंधकार को नष्ट करने की क्षमता नहीं रखते हैं। पुत्र का लालन पांच वर्ष की अवस्था तक करना चाहिए। इसके पश्चात् उसे कुछ बुरे- भले का थोड़ा-सा ज्ञान हो जाता है। छः वर्ष से दस-पंद्रह वर्ष तक डांट-फटकार से इसे सुमार्ग पर लाए। जब सोलहवें वर्ष में पदार्पण करे तो फिर उसके साथ एक मित्र की भांति व्यवहार करे। पुत्र जब बड़ा हो जाता है, धन का हरण किया करता है। यदि पुत्र पिता के सामने ही मृत्यु को प्राप्त हो जाता है तब पिता को महान् वेदना होती है मानों उसके प्राण ही निकल जाया करते हैं। ऐसा पुत्र के समान अन्य कोई भी शत्रु नहीं है जिसके लिए लोग अत्यंत लालायित रहते हैं। कुछ व्याघ्र मृग के तुल्य मुख वाले होते हैं उनके यथार्थ स्वरूप के परिज्ञान प्राप्त करने में पद-पद पर अविश्वास हुआ करता है। क्षमा धारण करने वाले पुरुष को सब प्रकार से अच्छा मानते हैं किंतु उनमें एक ही बड़ा भारी दोष होता है कि जो क्षमा से युक्त पुरुष होता है उसे लोग शक्ति से हीन समझने लगते हैं। यही माना जाता है कि सांसारिक भोग क्षणभंगुर होते हैं तो भी स्निग्धों में विदग्ध पुरुष की वृद्धि अनाकुल होती है।

हे शौनक! पिता के मृत हो जाने पर ज्येष्ठ भाई पिता के ही तुल्य होता है। वह सबका अनुपालन करने वाला होता है और इसीलिए पिता के ही तुल्य होता है। जो भी उससे छोटे होते हैं उन सबके साथ उसका व्यवहार समान होता है जिस प्रकार से तुल्य उपभोग करने वाले और जीवन बिताने वाले पुत्रों में हुआ करता है। अत्यंत शक्ति वाले भी यदि बहुत से एकत्रित होकर एक समुदाय में संघटित हो जाते हैं तो महान् दारुण शक्तिशाली हो जाया करते हैं जैसे एक-एक

तिनके से बनी हुई मोटी रस्सी इतनी मजबूत हो जाया करती है कि उसमें फिर हाथी जैसे महान् बलवान पशु को भी बांध लेने की शक्ति हो जाया करती है। दूसरे का धन अपहरण करके जो फिर उसका दान किया करता है उसका दान देने वाला पुरुष नरक का गामी होता है और वास्तव में उस दान का यही फल भी होता है। देवोत्तर संपत्ति का अपहरण या विनाश करने से, ब्राह्मण का धन अपहरण करने से, और ब्राह्मणों का अतिक्रमण करने से कुलों की अकुलाता हो जाती है अर्थात् समस्त कुलों का नाश हो जाया करता है। ब्राह्मण का हनन करने वाले, सुरा का पान करने वाले, चोरी करने वाले और व्रत को भंग करने वाले पुरुष की सत्पुरुषों ने निष्कृति अर्थात् प्रायश्चित बताया है किंतु जो कृतघ्न होता है उसका कोई भी प्रायश्चित नहीं होता है। किये हुए उपकार को न मानने वाला पुरुष कृतघ्न कहा जाता है। क्षुद्र और वृषली (अद्रा) के स्वामी के यहां देवगण और पितरगण भोजन नहीं किया करते हैं। जो भार्या के द्वारा जीता हुआ हो अर्थात् भार्या का ही जिस पर पूर्ण प्रभाव हो और जिसकी भार्या का कोई उपपति घर में रहता है उसके यहाँ भी देवपितर असंतुष्ट होते हुए भोजन नहीं किया करते।

ये चार पुरुष स्वभाव और कर्म के कारण ही चांडाल हुआ करते हैं। एक वह जो किए हुए उपकार को नहीं माना करता है। दूसरा वह जो अनार्य होता है। तीसरा वह जिसमें बहुत लंबे समय तक रोष विद्यमान रहता है और चौथा वह है जो सदा कुटिल वृत्ति वाला होता है। पांचवा चांडाल तो वही है जो उस चांडाल जाति से समुत्पन्न होता है। दुष्ट बुद्धि वाला साधारण शत्रु भी इस भावना से कि वह मामूली शत्रु हमारा क्या बिगाड़ सकता है कभी भी उपेक्षा करने के योग्य नहीं होता है। अग्नि का छोटा-सा कण भी उपेक्षा नहीं करता है अर्थात् उस सामान्य-सी अग्नि में भी सब कुछ जलाकर राख बना देने की क्षमता विद्यमान रहा करती है। नई उठती हुई अवस्था में जिससे स्वाभाविक रूप से कभी अशांति हुआ ही नहीं करती है जो पुरुष शांति से युक्त रहता है वही वास्तव में शांत प्रकृति वाला पुरुष होता है ऐसा मेरा विचार है। जब उम्र ढल जाती है तो संपूर्ण शरीर की धातु क्षीण हो जाया करती है उसमें तो सभी को शांति आ जाया करती है। क्योंकि किसी भी तरह की शक्ति रहा ही नहीं करती है। हे विपेन्द्र जिस तरह मार्गों में सभी को चलने का अधिकार होता है वैसे ही श्री के भोगने का भी सबको हक हुआ करता है। यह शरीर धातुओं के वश में रहने वाला और चित्त के अधीन ही हुआ करता है। जब चित्त ही नष्ट हो जाता है तो संपूर्ण धातुएं भी नाश को प्राप्त हो जाती हैं। इस चित्त की सर्वदा रक्षा करनी चाहिए। जब चित्त स्वस्थ रहता है तो धातुएं भी शरीर में उत्पन्न होकर सबल एवं समर्थ होती हैं।

सूत जी ने कहा-दुष्ट स्वभाव की भार्या और कुत्सित मित्र तथा बुरा राजा एवं कुपुत्र बुरी कन्या और बुरे देश को दूर से ही त्याग देना चाहिए।

अब वर्तमान कलियुग का प्रभाव बताते हैं-यह युग ऐसा है कि इसमें धर्म तो ऐसा चला गया है कि कहीं भी नाम को दिखलाई नहीं देता है तप भी इस समय में नष्ट हो गया है अर्थात् तपस्या किसे कहते हैं यह भी कोई नहीं जानता है। सत्य तो नाम मात्र को भी कलियुग में कहीं है ही नहीं-सत्यता कोई वस्तु है इसकी सत्ता एवं महत्ता को कोई जानता ही नहीं है। समस्त भूमि का भोग ऐसा है कि इसमें जैसी उपज होनी चाहिए वह कहीं भी नहीं होती है। मनुष्य प्राय : सभी कपट का व्यवहार रखने वाले हैं। जो ब्राह्मण लोग हैं वे बहुत अधिक बतबने हो गए हैं अर्थात् चंचलता से पूर्ण हैं। कलियुग में मनुष्य स्त्रियों के वश में रहा करते हैं। स्त्रियां अधिक चंचल हैं। नीच जाति के मनुष्य उन्नतिशील हो गए हैं। वे मनुष्य परम धन्य एवं भाग्यशाली हैं जो अपनी जीवन-लीला समाप्त कर चुके और मर गए हैं। इस कलियुग के समय में उन मृत्यु को प्राप्त होने वाले, देश के टुकड़ों में बंट जाने वाली भंगता को देख रहे हैं, और न कुलों के क्षय को ही देखते हैं। दूसरों में अपने चित्त को रमाने वाली दाराओं को और बुरे व्यसनों में फंसे हुए पुत्रों को भी वे मर जाने के कारण नहीं देख रहे हैं। कुपुत्र में निवृत्ति नहीं होती है और जो कुभार्या है उसमें रति भी कैसे हो सकती है? कुमित्र में विश्वास नहीं होता है और बुरे राज्य में जीवन कैसे रह सकता है? पराया अन्न, पराया धन, दूसरे की शय्या, पराई स्त्री, पराये घर में निवास ये इन की भी श्री का हरण करने वाले कार्य होते हैं। बातचीत से, शरीर स्पर्श से, संगति से, साथ में भोजन से, साथ में शयन से और साथ में गायन से मनुष्यों के पाप का संक्रमण हुआ करता है। स्त्री अधिक रूप लावण्य के होने से नष्ट हो जाया करती है क्रोध से तपस्या का नाश होता है। क्रूर प्रचार से भाग और शूद्र के अन्न से श्रेष्ठ द्विज का नाश हो जाता है।

एक ही आसन पर स्थित रहने से, एक ही शय्या पर सोने से, एक साथ ही बैठकर भोजन करने से और पति के साहचर्य होने से अर्थात् मिल जाने से बटखटे घड़े का दूसरे घट में जल डालने की भांति एक से दूसरे में पाप का संक्रमण हुआ करता है। लाड़-प्यार करने में बहुत से दोष उत्पन्न हो जाया करते हैं और ताड़ना करने में अधिक गुण होते हैं। इसलिए अपने शिष्य और पुत्र को सर्वदा ताड़ना ही देनी चाहिए केवल प्यार नहीं करना चाहिए। देहधारियों के लिए अधिक चलना वार्धक्य है पर्वतों के लिए जल ही जरा है अर्थात् उनकी क्षीणता पहुंचाने वाला होता है- नारियों के साथ संभोग न करना ही उनकी वृद्धता को बढ़ाने वाली जरा है और वस्त्र को आतप में रखना जरा है। जो अधम श्रेणी के मानव होते हैं वे सदा कलह ही चाहा करते हैं- मध्यम

श्रेणी के पुरुष संधि की इच्छा रखते हैं तथा उत्तम कोटि के मनुष्य मान के इक्षुक होते हैं क्योंकि महान् पुरुषों का एकमात्र धन मान ही हुआ करता है।

मान ही अर्थ का मूल है क्योंकि महान् मान की प्राप्ति के लिए अर्थ की इच्छा की जाया करती है। यदि मान है तो फिर उसके होने पर अर्थ से क्या प्रयोजन है! जिसके मान का दर्द ही भ्रष्ट हो गया है उसको धन और आयु में भी क्या लाभ है?

अधर्म पुरुष ही धन की इच्छा किया करते हैं जो मध्य श्रेणी के लोग हैं वे धन और मान दोनों की अभिलाषा रखा करते हैं। धनहीन पुरुष भी जो अच्छे कुलों में उत्पन्न हुए हैं कभी भी नीच कर्मों का आरंभ नहीं किया करते हैं अर्थात् धन की प्राप्ति के लिए बुरे काम कभी नहीं करते हैं।

वन में सिंह का कभी किसी ने अभिषेक नहीं किया है अर्थात् उसे किसी ने वन के राज्य का राजा नहीं बनाया है किंतु अपने पौरुष के कारण ही वन के जीवों का राजा बन गया है। प्रमादशील वैश्य अर्थात् व्यापार-व्यवसाय करने वाला, मान रखने वाला, भव्य अर्थात् सेवा वृत्ति करने वाला, मानव-विलासशील भिक्षु और बिना धन वाला कामी तथा अप्रिय बोलने वाली विरांगना, ये लोग अपने कमी में कभी सफल नहीं हो सकते हैं। दानशील पुरुष का दरिद्र होना, अर्थसंपन्न पुरुष का कृपण होना, पुत्र आज्ञाकारी न होना, दृष्ट पुरुष की सेवा करना और दूसरे के अपकार करने में मृत्यु का हो जाना ये पांच दुश्चरित्र हुआ करते हैं। अपनी पत्नी से बिछोह का होना, अपने जनों के द्वारा या अपने ही जनों के मध्य में अपमान का होना, ऋण का शेष बना रहना, बुरे पुरुष की सेवा करना और दारिद्रय के होने के कारण मित्रों से विमुख हो जाना; ये पांच कार्य ऐसे हैं जो बिना अग्नि के ही बहुत तीव्र जलन दिया करते हैं। यों तो मनुष्य को सहस्रों प्रकार की चिंताएं, खांडे की धार के द्वारा अपमान का होना, भार्या का भूखा रहना, पत्नी का अपने विषय में विरक्त, रहना और सहज अपराध का होना, पुत्र का वंशगत होना, अर्थोपार्जन करने वाली विद्या का अपने पास रहना, रोगों का न होना, सज्जन पुरुषों की संगति का रहना, भार्या का प्यार और अपने वश में रहना ये पांच कारण ऐसे हैं जो दुख के मूल का उद्धरण करने वाले होते हैं। हरिण, मातंग, पतंग, मृग और मीन- ये पांच, पांचों इंद्रियों के कारण मरते हैं। हरिण श्रवणेंद्रियों के अधीन होकर वाद्य सुनने में ऐसा खो-सा जाता है कि शिकारी उसे मार देता है। मातंग मदोन्मत्तता से, पतंग दीपक की ली पर प्रेम करने से, मृग पुष्प राज के आस्वादन से और मीन गंधाकर्षण से मृत्यु का ग्रास होता है। उस सबमें एक-एक इंद्रिय का ही आकर्षण मौत के मुंह में डाल दिया करता है तो जो मानव अपनी सभी इंद्रियों के अर्थात् पांचों के अधीन होता है वह क्यों नहीं मरण योग्य होगा?

जैसे-जैसे मनुष्य कल्याण से अपनी वृद्धि किया करता है वैसे-वैसे ही वह सब जगह लोक का परम प्रिय होकर संबंध किया करता है। इस जगती तल में मनुष्य लोभ प्रमाद और विश्वास इन तीनों में नाश को प्राप्त होता है। इसलिए लोभ नहीं करना चाहिए प्रमाद (लापरवाही) नहीं करनी और हर एक का विश्वास भी नहीं करना चाहिए। भय से तभी तक डरना चाहिए जब तक वह भय अपने से दूर रहता है और आता नहीं है। जब भय निकट आ ही जाता है और तीव्र रूप धारण कर लेता है तो फिर एकदम निडर होकर उसके समक्ष स्थित होकर उसकी प्रतिक्रिया करनी चाहिए। ऋण का बाकी रह जाना रोग का कुछ अंश बच जाना और अग्नि का कुछ भी थोड़ा सा भाग रह जाना फिर बार-बार बढ़ कर उग्र रूप धारण कर लिया करता है। इसलिए इन तीन चीजों को बिलकुल समाप्त ही करके रहना चाहिए। जो जैसा भी व्यवहार बुरा- भला करता है उसका जवाब भी वैसे ही व्यवहार से देना चाहिए। यदि कोई हिंसापूर्ण व्यवहार करे तो उसके साथ प्रतिहिंसा ही करे। जो समक्ष में तो परम प्रिय भाषण करने वाला हो, और पीछे कार्य को नष्ट कर देने वाला रहा करता हो, ऐसे माया से परिपूर्ण शत्रु की भांति मित्र का त्याग ही कर दें। दुर्जन पुरुष के संग से सज्जन पुरुष भी विनष्ट हो जाया करते हैं। जिस तरह स्वच्छ जल को भी कीचड़ से मैला कर दिया जाता है उसी तरह साधु प्रवृत्ति भी दुष्ट प्रवृत्ति से मिलकर बुरी हो जाती है।

जिसका धन द्विजों के लिए होता है वह भी भली भांति भोग करने का सुख प्राप्त करता है। जो द्विजों के उपभोग से शेष रहता है वही भोग की वस्तु हुआ करती है। बुद्धिमान वही पुरुष है जो कभी पाप कर्म नहीं करता है। प्रशंसा वास्तव में वही है जो पीठ पीछे की जाए और धर्म वही है जो बिना किसी दंभ, छ्द्मकपट या दिखावाऋ के किया जाए। जिसमें वृद्ध अर्थात् अनुभवशील पुरुष न हों उसे सभा या समिति नहीं कहा जा सकता है। वृद्ध भी उन्हें नहीं कहना चाहिए जो न्याय संगत धर्म की बातें नहीं कहते हैं। धर्म भी वही होता है जिसमें सत्यता विद्यमान है और सत्य वही है जो छल-कपट से अनुविद्ध न हो। मनुष्यों में ब्राह्मण सर्वश्रेष्ठ माना जाता है, तेजो में सर्वाधिक सूर्यदेव है शरीर के संपूर्ण अंगों में सिर सर्वोत्तम अंग होता है और व्रतों में सत्य का व्रत ही सबसे उत्तम व्रत है। मंगल कार्य वही है जिनमें मानव का मन प्रसन्नता का अनुभव किया करता है। जीवन वही सार्थक एवं सफल होता है जिसमें दूसरों की सेवा का कार्य किया जाए। कमाई वही है जिसका उपभोग अपने मनुष्यों के द्वारा किया जाए, और गर्जना करना वही सफल है जो संग्राम में शत्रुओं के समक्ष की जाती है। स्त्री वह ही सुख प्रदान करने वाली है जो कभी मद नहीं किया करती है। सच्चा सुखी वही मनुष्य होता है जिसे तृष्णा नहीं होती है। मित्र वही

होता है जिसमें पूर्ण विश्वास किया जा सकता है और वास्तव में प्रशस्त पुरुष वह ही होता है जिसने अपनी इंद्रियों को जीत रखा है। जिसमें सौहार्द विलुप्त हो जाता है अर्थात् सौहार्द का भाव ही नहीं रहा करता है वहां स्नेह और आदर भी छूट जाता है। प्रशंसा के योग्य वही है जिसकी स्तुति आत्मा के द्वारा की जाया करती है।

इस प्रकार सदाचार और धर्म के अनेक रूप मानव जीवन की शिक्षा के लिए होते हैं। इन्हें अपनाकर मनुष्य अपने जीवन में संतुलन प्राप्त कर सकता है और जीवन सफल कर सकता है।

■■

षष्ठ अध्याय

भगवान नारायण से यम मार्ग पर विस्तार से वर्णन सुनने के बाद गरुड़ जी ने भगवान से कहा कि हे प्रभु! पाप करने के अनेक चिन्ह होते हैं और यह मनुष्य पाप करके अनेक योनियों में जाता है। आप मुझे बताइए कि उसमें क्या अवस्था होती है और वह किन-किन योनियों में जाता है।

गरुड़ से यह प्रश्न सुनकर भगवान नारायण बोले कि अनेक पापी लोग नरक से यातना भोग कर अनेक योनियों में जाते हैं और जिस पाप से उन्हें जो चिन्ह रहता है वह मैं तुम्हें बताता हूं। क्षय रोग से पीड़ित व्यक्ति ब्राह्मण को मारने वाला होता है, और गऊ को मारने वाला कुबड़ा हो जाता है। कन्या को मारने वाला कोढ़ी होता है और ये चांडाल की योनि में जन्म लेते है। जो व्यक्ति किसी के गर्भ को नष्ट करता है और स्त्री को मारता है वह म्लेछ जाति में होता है। गुरु पत्नी के साथ यौन संबंध स्थापित करने वाला व्यक्ति चर्म रोग से पीड़ित होता है। मांस खाने वाला लाल रंग का होता है और जो ब्राह्मण खाद्य और अखाद्य पदार्थ खाते हैं उनका पेट बहुत बड़ा होता है। जो व्यक्ति दूसरे को खाने नहीं देता और अपने आप खाता है वह गल गंड रोग से पीड़ित होता है। सफेद कुष्ठ का रोगी वह होता है जो अशुद्ध अन्न से श्राद्ध करता है। मिरगी के रोग से पीड़ित व्यक्ति गुरु के अपमान के फलस्वरूप यह कष्ट प्राप्त करता है। शास्त्र और वेदों की निंदा करने वाला पीलिया रोग से ग्रस्त हो जाता है। जो प्राणी झूठी गवाही देता है, किसी के विवाह में विघ्न करता है, पुस्तक चुराता है, वह काना और बिना होंठ का, या अंधा हो जाता है। असत्य बोलने वाला व्यक्ति हकलाने वाला होता है और झूठ बोलने वाला बहरा। जो व्यक्ति रत्न चुराता है वह नीच कुल में उत्पन्न होता है और जो किसी को विष देता है या किसी के घर में आग लगाता है या जो रत्न चुराता है सोने की चोरी करता है वह उन्मत्त रोगी और नीच कुल में पैदा होता है। धातु चुराने वाला निर्धन होता है और विष को चुराने वाला बिच्छू होता है। शाक और पत्ते चुराने वाला मोर की योनि में जाता .है। इस तरह अनेक अपकर्म करने वाला व्यक्ति अनेक-योनियों में अनेक चिन्हों के साथ जन्म लेता है।

मैं इसके अतिरिक्त अन्य योनियों के विषय में भी बताता हूँ। जो व्यक्ति मधु चुराता है और पान फूल की चोरी करता है, नमक चुराता है- वह गिद्ध, चींटी और बन्दर की योनि प्राप्त करता है। विष पान करके मरने वाला व्यक्ति सर्प की योनि में जन्म लेता है। जूते तिनके और कपास को चुराने वाला भेड़ होता है और जो मनुष्य हिंसा करते हुए अपनी जीविका चलाता है या तीर्थ

यात्रियों को लूटता है व कसाई के घर में बकरा बनकर पैदा होता है, और जो हमेशा उद्दण्ड रहने वाला होता है उसे जंगल के हाथी की योनि मिलती है। जो ब्राह्मण बलि देने वाले नीचों का अन्न खाते हैं उन्हें व्याघ्र की योनि मिलती है। जो ब्राह्मण शूद्रों को यज्ञ कराते हैं वे गांव के सूअर के रूप में उत्पन्न होते हैं, और जो संध्या तथा गायत्री का जप नहीं करते और जिनका हृदय पापों से भरा रहता है। जो ऊपर से स्वच्छ और अन्दर से गन्दे होते हैं उन्हें बगुले की योनि मिलती है। बहुत से लोगों के पुरोहित बनकर जो लालच करते हैं वे गधे बनते हैं और जो बिना निमंत्रण भोजन करते हैं उन्हें कौए की योनि मिलती है।

जो ब्राह्मण सुपात्र को विद्या नहीं देता वह बैल बनता है और जो शिष्य गुरु की सेवा नहीं करता वह पशु योनि को पाता है। गुरु के सामने विवाद और संवाद करने वाला शिष्य बड़ा राक्षस हाता है। जो ब्राह्मण कहकर के दान नहीं देता उसे सियार की योनि प्राप्त होती है। इसके अतिरिक्त मित्र से द्रोह करने वाला पहाड़ी गीध, धोखा देकर खरीदने वाला उल्लू, वर्णाश्रम की निंदा करने वाला कबूतर होता है। आशा भंग करने वाला, स्नेह को भंग करने वाला, द्वेषी, स्त्री को चुराने वाला मोर, द्वेषवश स्त्री का परित्याग करने वाला चिरकाल तक चकवा-चकवी होता है। माता, पिता, गुरु, भाई और बहिन से बैर करने वाले हजारों बार जन्म लेते और गर्भ में नष्ट हो जाते हैं। सास को गाली देने वाली जोंक, नित्य कलह करने वाली और अपने पति को धिक्कारने वाली चील होती है। जो स्त्री अपने पति को छोड़कर दूसरे पुरुष से प्रीति करती है वह गोह और दो मुंह की सांपिन होती है। अपने गोत्र को भ्रष्ट करने वाले अपने गोत्र की स्त्री में गमन करने वाले तरक्षु, और शल्लकी होकर भालू की योनि में उत्पन्न होते हैं। तापस स्त्री में गमन करने वाला पुरुष मरुस्थल में पिशाच की योनि पाता है। जो ऋतुमती नहीं हुई ऐसी स्त्री से भोग करने वाला बन में अजगर होता है। गुरु की स्त्री में भोग करने वाला विष खोपड़ी, राजा की स्त्री में गमन करने वाला दुष्ट और मित्र की स्त्री में गमन करने वाला गधा होता है। गुदा में गमन करने वाला सुअर, वृषली (शूद्र) में गमन करने वाला बैल, और महाकामी और लम्पट घोड़ा होता है। मृतक के एकादशः के दिन भोजन करने वाला कुत्ता और देवताओं के भागों को खाने वाला मुर्गा होता है। जो ब्राह्मण द्रव्य के लोभ से देवताओं का पूजन करता है वह देवलक कहा जाता है और देवकार्य तथा पितृकार्य में निंदित होता है। महापातकों से युक्त होकर जो प्राणी घोर नरकों का उपभोग करके कर्म के क्षय होने पर इस संसार में पुनः आते हैं फिर भी वे महापातकी ही होते हैं। ब्रह्महत्या करने वाला मनुष्य गधा, ऊंट और भैंस की योनि में उत्पन्न होता है। मदिरा पीने वाला भेड़िया, कुत्ता और सियार की योनि पाता है। सोना चुराने वाला कीड़ा-मकोड़ा. पतंग आदि की योनि पाता है।

दूसरे की स्त्री को हरने वाला और किसी के रखे हुए धन को वापस न देने वाला व्यक्ति ब्रह्मराक्षस होता है तथा बलात्कार से और चोरी से लिया हुआ धन मनुष्य के सार पुण्यों को नष्ट कर देता है और सृष्टि पर्यंत उसकी पीढ़ियों को समाप्त कर देता है।

कोई भी मनुष्य ब्राह्मण के धन को नहीं पचा पाता। ब्राह्मण के धन से यदि सेना इकट्ठी की जाए तो वह भी रेत के पुल सी बिखर जाती है। हे गरुड़! ब्राह्मण का अतिक्रमण करने से देवताओं के धन को हरने से कुल भी नष्ट हो जाते हैं। जो व्यक्ति ब्राह्मण को दान नहीं देता वह अंधा दरिद्र और भिखारी हो जाता है। अपने दिए हुए दान को छीनना भी पाप का कारण होता है और ऐसे व्यक्ति 60 हजार वर्ष तक भिष्ठा के कीड़े बने रहते हैं।

मनुष्य को चाहिए कि वह भूमि और जीविका देकर विद्वान ब्राह्मण की रक्षा करने का प्रयत्न करे। यदि वह रक्षा नहीं करता या स्वयं ले लेता है तो वह पंगु और कुत्ता होता है। हमारे सभी देह धारियों में ये अनेक चिह्न और योनियां अपने कर्म के द्वारा प्राप्त होती हैं। जो व्यक्ति किसी ब्राह्मण की जीविका को हर लेता है वह कुत्ते और बंदर की योनि में जन्म लेता है।

बुरा कर्म करने वाला व्यक्ति पहले तो अनेक नरकों की यातना झेलता है और फिर बाद में अनेक कष्टकारक योनियों में जन्म लेता है। इन योनियों में वह अनेक पशु-पक्षी के रूप में जन्म लेकर गर्मी-सर्दी में कष्ट को भोगता हुआ अपने कर्म और अकर्म का फल भोगता है। जब उसके ये सारे शुभ और अशुभ कर्म समाप्त हो जाते हैं तभी वह मनुष्य की देह पाने का अधिकारी होता है और फिर स्त्री पुरुष के प्रसंग से गर्भ में जीव बनकर सुख-दुःख पाता है। क्योंकि सभी शरीर के धारण करने वालों का जन्म और नाश होता है। मनुष्य जीव माया से ग्रसित होकर कर्म जाल में बंधे हुए मृत लोक में आते-जाते रहते हैं। किंतु यह स्पष्ट है कि किए हुए शुभ और अशुभ कर्मों का फल मनुष्य को अवश्य मिलता है।

पापों के बाद अनेक योनियों में उत्पन्न चिह्नों के विषय में जानने के बाद गरुड़जी ने भगवान नारायण से पूछा कि अभी आपने यह बताया कि स्त्री पुरुष के प्रसंग से जीव गर्भ में आता है तो हे प्रभु आप यह बताइए कि वह गर्भ में आकर माता के पेट से कैसे उत्पन्न होता है और इस अवस्था में वह जो दुख भोगता है वह किस प्रकार का होता है। गरुड़ का प्रश्न सुनकर भगवान नारायण बोले कि गर्भ प्रसंग में विभिन्न दिनों में विभिन्न प्रकार से प्राणियों की उत्पत्ति होती है।

ऋतु के बीच में पापियों का जन्म होता है अर्थात् स्त्रियों के रजो काल के प्रारम्भिक तीन दिन में इंद्र के लिए ब्रह्महत्या के पाप के कारण इन दिनों पापियों की उत्पत्ति होती है। स्त्री ऋतु दर्शन होने वाले पहले दिन चांडाली, दूसरे दिन ब्रह्म हत्यारी और तीसरे दिन रजकी होती है। यही पापियों की माताएं होती हैं। पुरुष के माध्यम से शरीर प्राप्ति के लिए स्त्री के उदर में प्रवेश होकर

गर्भ धीरे- धीरे बढ़ता है। वह एक रात्रि में कलल, पांच रात्रि में बुद्बुद होता है। दस रात्रि में कर्कंधु नाम का मांस का पिंड होता है अथवा दूसरी योनि में अंडा होता है। उसके पीछे दो महीने में सिर होता है और बाहु आदि अंगों का विभाग होता है और तीन महीने में नख, रोम, हड्डी, चाम और लिंग आदि छेद होते हैं। चार महीने में सातों धातुएं होती हैं। पांचवें मास में क्षुधा-तृण की उत्पत्ति होती है और छः महीने में झिल्ली होती है जिसको जरायु कहते हैं। जीव उसमें लिपटा हुआ दाहिनी कोख में भ्रमण करता है। इस जरायु का रस, धातु, रक्त आदि माता से खाए हुए अन्न- पान आदि से बढ़ता है। जरायु से दुर्गंध आती है। जिस स्थान से उसकी उत्पत्ति होती है वह भिष्टा-मूत्र के गर्त सदृश है। उसी में जीव सोता है। गर्भ में उत्पन्न भूखे कीड़ों से काटे जाने पर उरुक्लेश से पीड़ित हो सुकुमार जरायु-पिंड मूर्च्छित हो जाता है। माता से खाए हुए कड़ुए, तीक्षा, नमकीन, रुखे और खट्टे आदि पदार्थ से छुए जाने पर अंगों में वेदना होती है तथा जरायु और आंत के बंधन में पड़कर जीव कोख में सिर करके, पीठ ग्रीवा को लचीला बनाए हुए, पिंजरे में पक्षी के समान अंगों के चलाने में असमर्थ हो जाता है। वहां देव योग से सौ जन्मों की बातें स्मरण कर दीर्घ श्वास लेता है, अत : तनिक भी सुख नहीं मिलता।

संतप्त और भयभीत जीव धातु रूप सात बंधनों में जकड़ा रहता है तथा हाथ जोड़कर दीन वचनों से इस उदर में डालने वाले भगवान की स्तुति करता है।

सप्तम मास में सचेत होकर भी जीव प्रसूति-वायु से कांपता हुआ भिष्टा से उत्पन्न सहोदर कृमि के समान रेंगता रहता है। जीव ने कहा- श्री के पति जगत के आधार अशुभ के नाशकर्ता शरणागत के वत्सल श्री विष्णु भगवान की शरण में जाता हूं। आपकी माया से मोहित होकर देहधारी मैं अपने शरीर तथा पुत्र-स्त्री का अभिमान करके आपको भूल गया। हे नाथ! अब मैं संसार में पुनः प्राप्त हूं। मैंने कुटुंब के लिए शुभ-अशुभ कर्म किया परंतु उस कर्म के फल से मैं अकेला दग्ध होता हूं और वे कुटुंब फल- भोगी होकर अलग हो गए। यदि इस योनि से मुक्त हुआ तो आपके चरण का स्मरण करूंगा और ऐसा उपाय करूंगा जिससे संसार से मुक्त हो जाऊं। मैं आपका आश्रय लेकर आपके चरणों की पूजा करते हुए उद्धार करूंगा।

भगवान नारायण ने कहा कि हे गरुड़ इस तरह जीव दस मास तक गर्भ में रहता हुआ स्तुति करता रहता है और फिर जन्म के लिए सिर नीचा किए हुए प्रसूति वायु से प्रेरित होता है और फिर इस स्तुति की स्मृति नष्ट हो जाती है और वह बाहर निकलता है। स्मृति के नष्ट होने से उसका ज्ञान समाप्त हो जाता है और उलटी गति होने से वह दुखी होता है। यह स्वाभाविक है कि कष्ट का स्मरण अधिक देर नहीं रहता। भगवान की वैष्णवी माया मनुष्य को मुक्त करती रहती है और वह इसमें लिप्त हो जाता है। जब वह छोटा होता है वह मल मूत्र से अपवित्र होने के बावजूद

उठने में असमर्थ होता है। वह बालक ज्ञान रहित होता है और जब उसे खटमल आदि काटते हैं या कोई और कष्ट होता है तो वह केवल रो देता है। इस तरह वह अपने बचपन के काल के दुखों को झेलता है। फिर धीरे- धीरे किशोर अवस्था की ओर आता है और किशोर अवस्था के बाद यौवन की ओर अग्रसर होता है। यौवन में पदार्पण करने के बाद वह अनेक अच्छे-बुरे कर्मों में लीन हो जाता है। कभी-कभी वह नीचों का संग करने लगता है और अच्छे पुरुषों का शत्रु हो जाता है वह कामुक हो जाता है तथा स्त्री को देखकर उसके कटाक्षों से वशीभूत होकर ऐसे उसकी तरफ दौड़ता है जैसे पतंगा अग्नि की शिखा की तरफ दौड़ता है। इस तरह वह अपकर्मों के मोह में फंस जाता है। यह पुरुष पांच इंद्रियों के पांचों विषयों का सेवन करता है।

वह एक तरह से परवश होता है तथा अपने को बचाने में पराधीन होकर बहुत कष्ट पाता है। कभी-कभी तो उसका पालन-पोषण पराये प्राणी से होता है। वह अपनी इच्छा के विरुद्ध भी कर्म करता है।

यह आश्चर्यजनक बात है कि मछली, भौंरा, पतंगा, हाथी और हरिण मूल रूप से एक विषयों के मोह में पड़कर अपने को नष्ट कर देते हैं। तो भला पुरुष जो अनेक विषयों के मोह में फंस जाता है कैसे नष्ट न हो। यह पुरुष भावना के अनुरूप वस्तु न मिलने पर अज्ञान के कारण लोभ और क्रोध के वश में हो जाता है।

जो पुरुष अपने से बलवान से युद्ध करता है वह अपना ही नाश करता है। मूर्ख पुरुष यह नहीं समझता कि इंद्रियों का सुख उससे बलवान है। वह उनमें फंसकर अपने मनुष्य जीवन के वास्तविक रूप को भूल जाता है। इसलिए हे गरुड़, वह पाप करता है और यह भी नहीं समझता कि अनेक योनियों में मनुष्य श्रेष्ठ होता है; और उसमें भी ब्राह्मणत्व दुर्लभ और महान् होता है। ब्राह्मण रूप को पाकर जो मनुष्य उसकी विधिपूर्वक रक्षा नहीं कर सकता वह अपने जीवन को व्यर्थ करता है। उसे चाहिए कि आत्मज्ञान से ब्राह्मण की भी रक्षा करे और केवल आवश्यक रूप में इंद्रिय इच्छाओं का पालन करे।

इंद्रियों को खुला छोड़ देने से यौवन असमय समाप्त हो जाता है और जीव जल्दी ही बुढ़ापे को प्राप्त होता है। अत : हे गरुड़! अपने 'भोगे हुए' और 'भोगने योग्य' कर्म जाल में फंसा हुआ यह मनुष्य ब्रह्म की माया से मोहित होकर वैराग्य से दूर रहता है। अब इसके विषय में तुम जो सुनना चाहो मुझे वह कहो और मैं तुम्हें बताऊंगा।

सूत जी ने ऋषियों से कहा कि जब गरुड़ जी ने भगवान से जीव योनि और कर्म फल का यह स्वरूप सुना तो वह कांपने लगे। फिर उन्होंने भगवान से पूछा कि हे प्रभु! यह मनुष्य जानकर या अनजाने जिन कर्मों में प्रवृत्त होता है और यातनाएं भोगता है तो क्या उन यातनाओं से मुक्ति

का कोई उपाय है? हे प्रभु, यदि कोई उपाय है तो मुझे उसका ज्ञान कराइए। संसार रूपी समुद्र में डूबता हुआ यह मनुष्य दुखी आत्मा के साथ किस प्रकार विषयों से नष्ट आत्मा का उद्धार कर सकता है। आप कृपा करके यह बताइए।

गरुड़जी के प्रश्न को सुनकर भगवान नारायण बोले कि हे गरुड़ मैंने तुम्हें कर्म विधान के अंतर्गत जो कुछ भी बताया है उसमें पुत्र-प्राप्ति का महत्त्व अधिक है क्योंकि जिनके पुत्र नहीं होता उनकी दुर्गति होती है। पुत्र वाले धर्मात्माओं की दुर्गति नहीं होती। जो पुरुष अपने किसी कर्म के प्रभाव से पुत्र की प्राप्ति में असमर्थ रहता है उसे चाहिए कि वह पुत्र प्राप्त करने का साधन जुटाए। अनेक प्रकार से भक्ति भावना रखते हुए भक्ति से परिपूर्ण चंडी के विधान से या हरिवंश पुराण की कथा सुनकर शिव की आराधना करते हुए सद्बुद्धि वाला मनुष्य पुत्र को उत्पन्न करे। पुत्र अपने पिता को पुन्मामक नरक से बचाता है इसलिए एक धर्मात्मा पुत्र ही सारे कुल का उद्धार कर देता है। यह बहुत पुरानी पद्धति है कि एक पुत्र ही समस्त लोकों को जीत लेता है। पुत्र का मुख देखकर पिता केवल ऋण से ही मुक्त नहीं हो जाता है अपितु वह इस कम से पोते का मुख देखकर अन्य ऋणों बल्कि यह सत्य है कि पौत्र का मुख देखकर मनुष्य स्वर्ग की प्राप्ति करता है और यमराज के अनेक बंधनों से मुक्त हो जाता है। मनुष्य को ब्रह्म घोड़ा पुत्र स्वर्ग लोक के द्वार तक ले जाता है। यदि वह विवाहित स्त्री से उत्पन्न हुआ हो। बिना विवाह के उत्पन्न पुत्र नरक में पहुंचाता है क्योंकि सवर्ण पुरुष और सवर्ण स्त्री के योग से जो संतान उत्पन्न होती है वही पितरों को स्वर्ग में पहुंचाती है क्योंकि मनुष्य पुत्र के द्वारा श्राद्ध करने पर ही स्वर्ग प्राप्त करता है। इस दृष्टिकोण से तुम्हें एक कहानी सुनाता हूं।

त्रेता युग में सुंदर महोदयपुर में महाबलवान और धर्म में निष्ठावान बभ्रु वाहन नामक राजा हुआ। विधिवत् यज्ञ-कर्ता, दान देने वाला, लक्ष्मीवान, ब्राह्मणों का भक्त, साधु का प्यारा और चरित्र आचार तथा गुणों से युक्त था और दया तथा दाक्षिण्य से युक्त धर्म से अपने औरस पुत्र के समान प्रजा का पालन करता था और दंड देने योग्य अपराधियों को दंड देता हुआ वह राजा नित्य ही क्षत्रियों के धर्म में तत्पर रहता था। किसी समय महाबलवान वह राजा सेना सहित शिकार के लिए गया और नाना प्रकार के वृक्षों से युक्त घने वन में प्रवेश किया। वह वन नाना प्रकार के मृगों से भरा हुआ था। उसमें नाना प्रकार के पक्षी कलरव कर रहे थे। राजा ने वन में दूर से एक मृग देखा। अत : राजा ने अति तीक्ष्ण और अति पुष्ट बाण से उस मृग को बेधा और वह मृग राजा के बाण को लेकर अदृश्य हो गया। रुधिर से गीले स्थल को देखते हुए उस राजा ने उस हिरण का पीछा किया और उसी प्रसंग से दूसरे वन में प्रवेश किया। भूख-प्यास से सूखे कंठ वाले

और श्रम के संताप से अर्द्धमूर्च्छित राजा ने जलाशय पर पहुंचकर घोड़े समेत ही स्नान किया। कमल आदि की गंध से सुगंधित शीतल जल पिया, बाद में उस बभ्रु वाहन राजा ने जल से बाहर निकल कर विश्राम किया। सामने शीतल छाया वाले बड़ी-बड़ी शाखाओं से अति विस्तुत और नाना प्रकार के पक्षियों के समूहों से गुंजित मनोहर वट-वृक्ष को देखा। सबसे अधिक ऊंचा होने के कारण वह वट-वृक्ष उस जंगल की बड़ी भारी पताका के समान प्रतीत होता था। उसी के मूल के समीप पहुंचकर राजा अर्द्धनिद्रित हो गया। उस सजा ने क्षुधा तृषा से पीड़ित, व्याकुल इंद्रियों वाले, बिखरे बालों वाले और मैल-कुचैले अत्यंत भयानक, कुबड़े, लंबे और दुर्बल एक प्रेत को देखा। विकृत और घोर (प्रेत) राक्षस को देखकर बभ्रु वाहन बहुत विस्मित हुआ और प्रेत भी उस घोर वन में आए हुए उस राजा को देखकर चकित हुआ। वह प्रेत भी उत्कंठित मन से राजा के समीप आया और हे गरुड़। प्रेतराज उस समय राजा से बोला कि हे राजन्! आपके दर्शन रूपी मिलन से मैंने प्रेत- भाव छोड़ा और परम गति को प्राप्त हुआ। हे महावाहो! आपके संयोग से आज अति धन्य हुआ हूं। राजा ने कहा- हे प्रेत! यह कृष्णवर्ण, बड़ा भयानक मुख और घोर दर्शन ऐसा बड़ा अमंगल प्रेतत्व तुमने किस कर्म के परिणाम से पाया है? हे तात! तुम मुझसे इस प्रेतत्व का सब कारण कहो। तुम कौन हो। किस दान से तुम्हारा प्रेतत्व दूर होगा। प्रेत ने जवाब दिया कि हे राजश्रेष्ठ। मैं तुमसे आदि से अंत तक सब कहता हूं और मेरे प्रेतत्व का कारण सुनकर तुम मुझ पर दया करने योग्य हो। सब संपत्तियों से पूर्ण वैदिश नाम का एक नगर है जो अनेक प्रकार के जनपदों तथा रत्नों से परिपूर्ण है। भवनों और प्रासादों की शोभा से संयुक्त है और नाना प्रकार के श्रौत, स्मात्ते आदि धर्म से युक्त है। हे तात! उस पुर में देवताओं के पूजन करता हुआ में निवास करता था। मैं वैश्य जाति का हूं, मेरा नाम सुदेब है, यह आप जानें। हविष्यान्न से देवताओं को और कव्यान (पिंडदान) से पितरों को संतुष्ट करता था। नाना प्रकार के और दानों से मैंने ब्राह्मणों को संतुष्ट किया और दीन अंधे तथा पंगु मनुष्यों को मैंने अनेक प्रकार से अन्न दिया। हे राजन्! वह सब मेरा सुकर्म देव योग से निष्फल हो गया। जिस प्रकार मेरा सुकृत निष्फल हो गया उसे मैं कहता हूं। मेरा संतति मित्र बांधव आदि ऐसा कोई नहीं है जो मेरी औध्वंदैहिक क्रिया करे। हे महाराजा! जिसका पोडषमासिक श्राद्ध नहीं होता है सैकड़ों श्राद्ध करने पर भी उसका प्रेत रूप समाप्त नहीं होता। इसलिए तुम मेरा उद्धार करो। हे राजा! राजा ही इस लोक में सबका बंधु माना जाता है। मैं आपको रत्न और मणियां दूंगा आप ऐसा काम करें जिसमें मैं प्रेत योनि से मुक्त हो जाऊं। मेरे लिए यह स्थिति, बहुत दुखदायक है। यह बन बहुत सुंदर है इसमें फल-फूल

हैं और शीतल जल भी है किंतु मैं प्यासा होता हुआ भी पानी नहीं पी सकता। हे राजन्! मेरी सारी क्रियाएं यदि नारायण विधि से हों और वेद मंत्र का उच्चारण हो तो मेरा प्रेत रूप नष्ट हो जाएगा। क्योंकि विष्णु की पूजा करना सज्जनों की संगति और शास्त्रों का सुनना इनसे मनुष्य प्रेत योनि से छुटकारा पाता है। इसलिए प्रेत योनि का नाश करने वाली विष्णु की पूजा को जान लेना चाहिए और इस प्रकार विष्णु की पूजा करनी चाहिए।

मनुष्य अपने न्याय से 32 माशे स्वर्ण इकट्ठा करे और नारायण की प्रतिमा बनाए फिर उसे दो पीले कपड़ों से ढक कर आभूषण पहनाएं और अनेक प्रकार से तीर्थों के जल से स्नान कराकर सिंहासन पर प्रतिष्ठित करे और फिर उसका पूजन करे। उस प्रतिमा के पूर्व दिशा में श्रीधर और दक्षिण में मधुसूदन, उत्तर में गदाधर और पश्चिम में वामनदेव को रखे। बीच में ब्रह्मा और महादेव शंकर की स्थापना करे तथा फूलों से उसकी पूजा करे। फिर उसकी प्रदक्षिणा करके दही और दूध से तृप्त करें। उसके बाद नहाकर विधिपूर्वक और्ध्वदैहिक क्रिया करे। इसमें क्रोध और लोभ से मुक्ति आवश्यक है। इसके बाद ब्राह्मणों के लिए तेरह पद दान करे और प्रेत के लिए घड़े का दान करना चाहिए। यह सुनकर राजा ने पूछा कि हे प्रेत! प्रेतघट का दान कैसे किया जाता है? तुम मुझे इसकी विधि बताओ। इसके उत्तर में प्रेत बोला कि इस दान से प्रेतत्व प्राप्त नहीं होता। यह प्रेतघट नाम का दान पापों को नाश करने वाला है और लोकों में दुर्लभ है। मनुष्य को चाहिए कि वह पिघले हुए सोने का घड़ा बनाकर इंद्र, यम, वरुण का आह्वान करके इस घड़े के बीच में ब्रह्मा, विष्णु और भगवान शंकर का आह्वान करके उनकी पूजा करे और फिर लोक पालों की आराधना करे। इसके बाद धूप, फूल. चंदन से सोने के घट को दान करे। यह दान पापों का नाश करने वाला है और यदि मनुष्य चाहता है कि उसका प्रेतत्व नष्ट हो तो उसे यह दान करना चाहिए।

श्री भगवान ने इसके बाद कहा- हे गरुड़जी! जिस समय प्रेत के साथ राजा बात कर रहा था उस समय हाथी घोड़ों और रथों से भरे हुए राजा की सेना भी वहां आ गई। इसके उपरांत प्रेत ने राजा को महामुनि दी और वहां से चला गया। राजा भी अपने नगर में आया और वहां उसने प्रेत के लिए श्राद्ध किया। उससे उसकी प्रेत योनि छूट गई ओर उसके दिए हुए दान से प्रेत भी उत्तम गति को प्राप्त हुआ।

यह सुनकर गरुड़जी ने भगवान नारायण से पूछा कि हे भगवन्! पुण्य आत्माओं की अलौकिक क्रियाएं होती है उनके विषय में बताइए। यह सुनकर भगवान बोले कि धर्म संपन्न लोगों के योग्य क्रियाओं के विषय में मैं तुम्हें बताता हूं। जो पुण्यात्मा मनुष्य है वह अपने बुढ़ापे

में अपनी इंद्रियों की अशक्तता के कारण कुछ नहीं सुनता किंतु अपनी मृत्यु को समीप समझकर उसे उन पापों का प्रायश्चित करना चाहिए जो उससे जानते या अनजाने हुए हैं। अंत समय के पूर्व भगवान विष्णु का ध्यान करे और गंध, मूल, मिठाई, फल आदि से पूजा करें। इसमें कुछ बातें विशेष रूप से ध्यान देने की हैं-

1. ब्राह्मणों को दक्षिणा देना और भोजन कराना।
2. अष्टाक्षर (ऊँ विष्णवे नम :) का जाप करना।
3. द्वादशाक्षर (ऊँ नमो भगवते वासुदेवाय) मंत्र का जाप करना।
4. विष्णु नाम स्मरण के साथ महादेव का स्मरण करना।
5. विष्णु के सभी अवतारों मत्स्य, कूर्म, वराह, नरसिंह, रामचन्द्र, कृष्ण, वामन, परशुराम, कल्कि इनका स्मरण करना और बुद्ध का स्मरण करना।

(गरुड़ पुराण में बुद्ध को भी विष्णु के अवतार के रूप में मान लिया गया है यह बाद में जोड़ा हुआ लगता है।)

कृष्ण नाम का जाप करने से मनुष्य के करोड़ों पाप धुल जाते हैं क्योंकि अजामिल ने नारायण नाम के अपने पुत्र को पुकारते हुए मोक्ष प्राप्त कर लिया था। तो फिर अपने मन की गहराई से विष्णु का नाम लेने से मनुष्य मोक्ष पद को अवश्य प्राप्त होता है। भगवान विष्णु दुष्टों को भी क्षमा कर देते हैं क्योंकि वे उनका नाम स्मरण कर लेते हैं। पाप का नाश करने में विष्णु का नाम जैसी शक्ति और किसी तत्त्व में नहीं है। जब यमराज अपने दूतों को आदेश देते हैं तो कहते हैं कि तुम केवल उन्हीं लोगों को लाओ जिन्होंने विष्णु के नाम का स्मरण किया हो। विष्णु के अनेक नाम हैं- कमलनयन, वासुदेव, शंख चक्र को धारण करने वाला, दामोदर, हरि, श्रीधर, माधव. जानकी नायक-इन सब नामों के स्मरण से पाप दूर हो जाते हैं। जो मनुष्य भगवान के चरण-कमलों में अपनी भक्ति रखता है उसके लिए यमराज का आदेश है कि उसे छोड़ दिया जाए। केवल उसी व्यक्ति को लाया जाए जो भगवान का स्मरण नहीं करता और उनके पूजन से विमुख होता है।

जो व्यक्ति पापों का प्रायश्चित्त करता है और नारायण से दूर रहता है उसका उद्धार नहीं होता। कृष्ण भक्त स्वप्न में भी यमदूतों को नहीं देखता। ऐसा भक्त शरीर मुक्त होकर मोक्ष को प्राप्त होता है। इसलिए विष्णु का नाम-स्मरण परम चैतन्य की प्राप्ति कराता है। विष्णु सहस्र नाम का पाठ करना भी चाहिए और सुनना भी चाहिए। एकादशी का व्रत, गीता, गंगाजल, तुलसी जल मृत्यु के समय मनुष्य को मुक्ति देने वाले होते हैं। हे गरुड़जी! यह बात जान लेनी चाहिए जो मनुष्य अंतकाल में दान देता है उसे बहुत अधिक फल मिलता है।

अंतिम समय में किया गया दान यदि पुत्र के द्वारा समर्थित होता है तो उसका फल और भी अधिक होता है।

सत्पुत्र को चाहिए कि वह अपने पिता के अंतिम समय में उनसे दान कराए क्योंकि इसीलिए लोग पुत्र की कामना करते हैं। पिता के अंत- समय में किए गए दान के फल पुत्र को भी प्राप्त होते हैं और पिता भी दुख को प्राप्त नहीं करता।

मृत्यु के समय सूर्य और चंद्र का ग्रहणीय दान महत्त्वपूर्ण होता है। तिल, लोहा, कपास, सोना, नमक, सत्पधान्य और गऊ तथा पृथ्वी ये प्रत्येक दान प्रमुख हैं। ये महादान महापापों को नष्ट करने वाले हैं।

तिल का दान बहुत महत्त्वपूर्ण होता है इससे असुर दानव दैत्य संतुष्ट हो जाते हैं। सफेद, काले रंग के तिल दान करने से मन शरीर से किए गए पाप धुल जाते हैं।

भूमि में हाथ रखकर लोहे का दान करना चाहिए। इससे यमराज का भय दूर हो जाता है क्योंकि यमराज के हाथ में कुल्हाड़ी आदि रहती है। अत: यह दान उसके डर से मुक्त करता है।

सोने का दान सबसे महत्त्वपूर्ण दान है इससे भूलोक, भुवर्लोक और स्वर्गलोक में निवास करने वाले प्राणी संतुष्ट होते हैं। देवता भी इस दान को प्राप्त कर वरदान देते हैं। यह दान प्रेत का उद्धार करता है और स्वर्ग की गति दिलाता है। वह पराक्रमी, धनी, धर्मात्मा और रूपवान होता है।

कपास का दान भी यमदूतों के भय से दूर कराता है।

नमक का दान करने से चित्रगुप्त आदि भी संतुष्ट होते हैं।

सप्तधान्य से धर्मराज प्रसन्न होते हैं और यमपुर के द्वार बंद हो जाते हैं। सप्तधान्य जी जौ, गेहूं, मूंग, उड़द, चना और चावल तथा कंगुनी कहे गये हैं। गौ चरम मात्र अर्थात् उतनी धरती जिस पर गऊ और बैल साथ-साथ बैठ सकें दान करने से मनुष्य ब्रह्महत्या के पाप से मुक्त हो जाता है।

जो मनुष्य व्रत करता है और इन सब कहे हुए दानों को करता है उसके तो पाप दूर होते ही हैं लेकिन भूमि दान से मनुष्य सुर और असुरों से पूजित होकर इन्द्रलोक का जाता है।

जो राजा ब्राह्मण को भूमि दान नहीं करता वह संसार में यदि दुबारा आता है तो अपनी एक छोटी सी कुटिया भी नहीं बना पाता।

अभिमानवश भूमि का दान करने से ही नरक में वास होता है। लेकिन यह तब तक होता है जब तक कि वह शेष भूमि को अपने पास रखता है।

भूमिदान गोदान की तरह ही है क्योंकि भूमि गऊ रूप ही है। मनुष्य को चाहिए कि अंतधेनु और रुद्रधेनु और ऋणधेनु तथा मोक्षधेनु का दान करे। इस प्रकार के दान से मनुष्य सब प्रकार के पापों से मुक्ति पा लेता है।

अपनी अनेक अवस्थाओं में किए गए पाप गऊ दान से नष्ट हो जाते हैं। समय-समय पर जो मन, वचन, कर्म से पाप होते हैं वह ब्राह्मण को गऊदान देने से नष्ट हो जाते हैं।

मनुष्य को चाहिए कि वह सावधान होकर मृत्यु से पूर्व गऊ का दान करे, लेकिन दान सत्पात्र को ही किया जाना चाहिए। क्योंकि सत्पात्र को प्रतिग्रह का दोष नहीं लगता। अपात्र को दान की हुई गऊ दाता को नरक में पहुंचाती है। जो व्यक्ति अपना कल्याण चाहता है उसे चाहिए कि वह अपात्र के लिए गऊ का दान न करे और एक गऊ को एक मनुष्य को ही दान करें। गऊ दान बांटा नहीं जा सकता। अब मैं वैतरणी नदी के पार करने के लिए गऊ दान के महत्त्व का चित्रण करता हूं।

मनुष्य को चाहिए कि वह कृष्ण या लाल वर्ण की गऊ को आभूषणों से सुसज्जित करके उसके खुरों को चांदी, सींगों को सोने का बनाकर कपास के ऊपर खड़ी करके तांबे के पात्र के साथ लौह दंड को धारण करने वाले यमराज की स्थापना करें। फिर उस पात्र में घी डालकर सबके ऊपर रख दे फिर ईख की नाव बनाकर रेशम के सूत से लपेटकर उस पानी के गड्ढे में नाव को डाल दे और फिर गाय के साथ उसका संकल्प करके उसे ब्राह्मण को दान दे दे। वह इस प्रकार से प्रार्थना करे-हे जगन्नाथ आप शरणागत वत्सल हैं। शोक में डूबे हुए व्यक्तियों के रक्षक हैं, आप मेरा उद्धार कीजिए। मैं दक्षिणा समेत यह गऊ दान कर रहा हूं। आपको तथा वैतरणी रूप गाय को नमस्कार है। मैंने उस नदी से उतरने के लिए यह गऊदान किया है। हे देवेश इंद्र! तुम इस महा कठिन रास्ते में मेरा उद्धार करना। गऊ ही मेरे हृदय तथा आगे-पीछे होवें। मैं गऊओं के मध्य में ही निवास करूं। गऊओं में लक्ष्मी का निवास है, यह लक्ष्मी रूप धेनु मेरे पापों का नाश करे।

मनुष्य को चाहिए कि इस प्रकार पूजा करके और प्रदक्षिणा करके गाय समेत सारी सामग्री ब्राह्मण को दान कर दे। ऐसा व्यक्ति धर्मराज की सभा में पहुंच जाता है। इस प्रकार पुण्य काल में गऊ का दान करने से पाप नष्ट होते हैं। जब श्रद्धा उत्पन्न हो और कोई सत्पात्र मिल जाए उसे भी पुण्य काल माना जाता है। अर्थात् ऐसे समय में निश्चित होकर गऊदान करना चाहिए। क्योंकि मनुष्य का वैभव एक सा नहीं रहता और मृत्यु भी कभी भी आ सकती है इसलिए दान आदि करके मनुष्य को धर्म का संग्रह करना चाहिए। भावना से किया गया थोड़ा दान भी अपार फल देता है। भाई-बंधु शरीर सब नाशवान हैं केवल धर्म ही स्थित रहता है। मृत्यु के बाद प्रत्येक का प्रेम क्षीण हो जाता है। प्राणी की अपनी आत्मा ही उसका बंधु है इसलिए अपनी संतुष्टि के लिए दान देना चाहिए। यह जीवन अनित्य है। मनुष्य के पीछे कोई उसके लिए कुछ नहीं करता इसलिए उसे स्वयं अपने लोकोत्तर की चिंता होनी चाहिए। मरे हुए शरीर को लकड़ी और कंकड़ के समान

लोग छोड़ देते हैं इसलिए मनुष्य को चाहिए कि वह अपने शुभ-अशुभ का ध्यान रखते हुए दान करे। दुख का संसार सागर विराट् होता है। इसमें कोई किसी का बंधु नहीं है। यहां कर्म के संबंध से प्राणी आते हैं और चले जाते हैं। कर्म के भाव से जुड़ते हैं और कर्म के क्षीण होने पर संबंध टूट जाता है। माता-पिता, पुत्र आदि सब इकट्ठे हुए उन प्राणियों के समान हैं जो नदी में बहते लकड़ियों के लट्ठकों की तरह एक भी हैं और नहीं भी हैं।

इस लोक से जो लोकोत्तर का मार्ग है उसमें ज्ञानी व्यक्ति सुख पाता है नहीं तो उसे कष्ट मिलता है। जो-जो हम यहां इस धरती पर दान करते हैं उसके पुण्य के प्रभाव से हमें धर्म के मार्ग में आराम मिलता है।

इसलिए जब तक मनुष्य का जीवन है तब तक वह दान और समर्पण से अपनी आत्मा को उदार बनाए। धर्म से अर्थ होता है और धर्म से ही काम होता है और धर्म ही मोक्ष का दाता होता है। इसलिए मनुष्य को धर्म करना चाहिए। किंतु यह भी जानना चाहिए कि धर्म श्रद्धा से धारण किया जाता है। धन धर्म का आधार नहीं होता। जो मनुष्य धनहीन है वह भी अपने स्वच्छ मन से धर्म का आचरण करते हुए स्वर्ग की प्राप्ति करता है।

हे गरुड़! जो मनुष्य धर्म के पूरे रूपों को जानकर देवी-देवताओं को प्रसन्न करते हुए धार्मिक कार्य करता है और विधिवत् दान देता है वह अपने पुण्यों को संचित करता है। उसे नरक की यातना नहीं होती और ऐसा मनुष्य परम आनंद को प्राप्त करता है।

■■

सप्तम अध्याय

गरुड़जी ने भगवान नारायण से कहा - हे प्रभु! अब आप मुझे प्रेत योनि में रहने वालों की मुक्ति का उपाय बताइए। मुझे प्रेतों का स्वरूप और उनकी चरित्रगत विशेषताएं बताने की कृपा करें। यह सुनकर श्री भगवान ने कहा कि हे गरुड़ मैं अब तुम्हें प्रेत के स्वरूप और उसके चिन्हों के विषय में बताता हूं। प्रेतों की देह एक प्रकार से वायु के समान होती है और किसी को दिखाई नहीं देती। प्रेत भूख-प्यास से पीड़ित होकर घर में प्रवेश करते हैं अपने बंधु-बांधवों के पास जाते हैं और कभी-कभी उनका मुख विकृत हो जाता है। मनुष्य के स्वप्न देखने की अनेक स्थितियां होती हैं। किंतु उन सपनों से उसके विशेष भूत और भावी स्वरूप को जाना जा सकता है। जो व्यक्ति सोते हुए अपने आपको जंजीरों से बंधा हुआ पाता है और स्वप्न में अन्न की याचना करता है उसे प्रेत दुखी करते हैं।

जो स्वप्न में बैल पर सवारी करता है या अपने आपको आकाश में उछलता हुआ अनुभव करता है या अपनी स्त्री और बंधुओं से मृत्यु रूप में दिखाई देता है उसे भी प्रेत बहुत तंग करते हैं। कभी-कभी प्रेत के दोषों के कारण ही मनुष्य दुःखी होकर पानी की याचना करता है। जब ऐसे स्वप्न दिखाई दें तथा घर से निकलने वाले पुत्र और पशु दिखाई दें तो समझ लेना चाहिए कि प्रेत दोष लगा हुआ है।

हे गरुड़! किसी वेद को जानने वाले पूरे विद्वान् का त्याग करके प्रेत मुक्ति का उपाय नहीं होता है। किंतु वेद ज्ञाता को तर्पण करते हुए प्रेत के दोष से मुक्ति हो जाती है क्योंकि दान और तर्पण से भटकता हुआ प्रेत भी तृप्ति को प्राप्त होता है। जो प्रेत तृप्त हो जाते हैं वे अपने बंधु-बांधवों को कष्ट नहीं देते जबकि इसके विपरीत अतृप्त प्रेत कष्ट देते हैं।

हे गरुड़! तृप्त प्रेत अपने कुल वालों को सुख-सुविधा देते हैं। जो व्यक्ति प्रेत के दोषों को जानकर भी उनके निवारण का उपाय नहीं करता वह दुर्गति को प्राप्त होता है। प्रेत भी कभी-कभी अपनी दुर्गति का अनुभव करा देता है।

कभी-कभी मनुष्य प्रेत से शाप युक्त हो जाता है और फिर दरिद्रता को प्राप्त होता है। ऐसे प्रेत यमलोक में पहुंचकर कर्मों का क्षय किया करते हैं।

यह सुनकर गुरुजी ने पूछा कि कभी-कभी न तो कोई नाम और गोत्र होता है और न स्वप्न में प्रेत की कोई चेष्टा दिखाई देती है न प्रेत के दर्शन होते हैं। फिर ऐसी दशा में क्या करना चाहिए? क्योंकि प्रेत न दिखने पर भी ज्योतिषी उनकी सत्ता की बात करते हैं। यह सुनकर भगवान ने कहा

कि उनकी बात सत्य होती है। मनुष्य को चाहिए कि भक्तिपूर्वक जप और हवन करता हुआ अपने शरीर को शुद्ध करता रहे। ऐसा करने से प्रेत-दोष नहीं होता। यदि किसी मनुष्य को भूत-प्रेत और पिशाच नहीं सताते तो भी अपनी सामान्य बाधा को दूर करने के लिए उसे जप करना चाहिए। उसे यह समझना चाहिए कि उसके पितृ गण उसके जप से प्रसन्न होंगे।

मनुष्य को चाहिए कि वह गायत्री का जाप करें। इससे वह उत्तम लोक को प्राप्त होता है। इस विश्व में माता-पिता के समान और कोई देवता नहीं है। वे प्रत्यक्ष देवता हैं क्योंकि उनके द्वारा ही प्राणी शरीर धारण करता है। इसलिए उनके हितों की रक्षा अवश्य करनी चाहिए। गुरु भी प्रत्यक्ष देवता होता है। अत : गुरु के लिए भी जप करना चाहिए।

मनुष्य का शरीर ही स्वर्ग-नरक अथवा मोक्ष प्रदान करने वाला है। यह शरीर पूजा भी करता है और पूजा के योग्य भी होता है। इस शरीर से ही महान कर्म करते हुए मनुष्य लोक पूजा के लिए योग्य होता है। जो व्यक्ति अपने पितृ गणों के लाभ के लिए तप और दान करता है वह सब पापों से मुक्त हो जाता है। विद्वान् लोग कहते हैं कि पुन्नाम वाले नरक से पुत्र को चाहिए कि वह पिता का त्राण करे तब वह प्रेत विद्वानों को नहीं देखता।

गरुड़जी ने भगवान नारायण से पूछा कि प्रेत अस्तित्व में कैसे आते हैं और उनका क्या भोजन होता है। भगवान ने इसका उत्तर देते हुए कहा कि पाप करने वाले व्यक्ति अपने पूर्व जन्मों के कारण ही प्रेत हुआ करते हैं। जो लोग किसी बावड़ी, कुएं और तालाब या आराम (बाग) या किसी देव स्थान के साथ में लगे सुंदर फलों से युक्त बगीचे को, या भोजनशाला को, या पानी पीने वाले स्थान को, या धर्म के स्थान को नष्ट- भ्रष्ट कर देते हैं वे मरकर प्रेत योनि को प्राप्त होते हैं।

जो लोग घने जंगल और गोचर- भूमि को अपने लोभ से काटते हैं वे भी प्रेत योनि को प्राप्त होते हैं और मृत्यु के बाद चांडाल हो जाते हैं। ऐसे लोग चांडाल से सर्प दर्शन से या किसी और तेज दौड़ वाले पशु के दांत से मृत्यु को प्राप्त होते हैं।

जो लोग डाकुओं, चोरों के द्वारा मार दिए जाते हैं वे भी कभी-कभी प्रेत योनि में आते हैं। अपने संस्कारों के लोप होने से और पिंडों के लुप्त हो जाने पर भूखी दशा में रहते हुए पर्वत आदि स्थान से पतित हो जाते हैं वे इस योनि को प्राप्त होते हैं। हे गरुड़ जो लोग सूतक आदि में संपर्क करते हुए और कठोर शल्य क्रिया से मरते हैं वे प्रेत योनि में आ जाते हैं।

इस विषय में तुम्हें एक प्राचीन इतिहास बताता हूं। धर्मराज युधिष्ठिर ने महाराजा भीष्म से पूछा था कि कौन से कर्म के विपाक से प्रेत योनि प्राप्त होती है और फिर उससे छुटकारा कैसे होता है? इसका उत्तर देते हुए भीष्म जी ने कहा-मनुष्य को प्रेतत्व प्राप्त हो जाता है और वह उससे

मुक्त भी होता है। हे धर्मराज प्राचीन समय में एक संतप्त नाम का ब्राह्मण था। वह तप करने के लिए वन में निवास करता था। वह स्वाध्याय में लगा रहता था और दयालु था। वह हवन आदि करता हुआ ब्रह्मचर्य का पालन करता था और तप करते हुए हमेशा ही परलोक से डरता रहता था। वह हमेशा गुरु के वचनों को मानता, अतिथियों की सेवा करता, सारे संघर्षों से रहित था। वह केवल योगाभ्यास करता था।

उसे इस तरह से रहते हुए अनेक वर्ष व्यतीत हो गए। इसके बाद उसने सोचा कि मैं तीर्थों में भ्रमण करूं। तीर्थों में स्नान करते समय उसने सूर्य के उदय काल में सूर्य को नमस्कार किया किंतु एक दिन उस ब्राह्मण ने पांच प्रेतों को देखा। इन पांच प्रेतों को जब उसने देखा तो वह आँख मूंदकर विचार करने लगा। वे उसे बहुत विकृत आकार वाले दिखाई दे रहे थे। फिर उस ब्राह्मण ने साहस करते हुए उनसे पूछा कि आप लोगों ने ऐसा कौन सा दुष्ट कर्म किया है जिससे आपको विकृत रूप प्राप्त हुआ? यह सुनकर उन प्रेतों ने उत्तर दिया-हमें अपने- अपने कर्मों के कारण यह प्रेत योनि मिली है। हमने दूसरों से द्वेष किया और उस कारण हम भूख-प्यास से पीड़ित रहते हैं। हम अब मूर्छित हो गए और हम दिशाओं को भी नहीं पहचान पाते। हम कहां जाएं हमें यह भी नहीं मालूम। न कोई पिता है न कोई माता। इसके बाद उन पांचों में से एक ने कहा कि हम पांचों अलग-अलग नामधारी हैं। तब ब्राह्मण ने पूछा कि आप नामधारी कैसे हुए? मुझे इसका कारण बताइए। तब वह प्रेत बोला कि मैंने हमेशा ब्राह्मण को बासी भोजन खिलाकर अपने आप स्वादयुक्त भोजन किया इसलिए मेरा नाम पार्युषित पड़ा। इस दूसरे प्रेत ने अन्न की इच्छा से दूसरों को धोखा दिया इस कारण इसका नाम सूची मुख पड़ा। यह तीसरा प्रेत जिसका नाम शीघ्रक है यह किसी भी याचक ब्राह्मण को देखकर जल्दी से चला जाया करता था और यह चौथा रोहक नाम का प्रेत है। इसने सारे संबंधियों के पदार्थों को स्वयं खाने की आदत डाली थी और यह पांचवा प्रेत लेखक नाम का है। इसका यह नाम इसलिए पड़ा कि जब कोई इससे कुछ मांगता था तो यह पृथ्वी पर लिखने लगता था। इसलिए हम प्रेतों को नाम प्राप्त हुए। हमारे आकार विपरीत हैं और अब बिगड़े हुए रूप वाले हो गए हैं। लेकिन अब, हे- ब्राह्मण हमने आपके दर्शन कर लिए हैं और अब हमारा ज्ञान वापस लौट आया है अत : अब हमसे तुम कुछ और पूछ सकते हो।

ब्राह्मण ने पूछा कि आपका आहार क्या है? क्योंकि आहार के बिना तो कोई जीवित नहीं रह सकता। इस प्रश्न के उत्तर में प्रेत बोले-प्रेतों का भोजन कफ, मल और हवन किया हुआ पदार्थ

होता है। वह पवित्रता से रहित होता है। जहां पर मल-मूत्र रहता है वहीं ये प्रेत भोजन करते हैं। जिस घर में पवित्रता नहीं होती न सत्य और संयम होता है जो पतित होते हैं उसी घर में प्रेतों को भोजन मिलता है। जहां पर लोग पढ़ते-लिखते नहीं हैं हवन आदि नहीं करते वहां पर प्रेतों को भोजन मिलता है। जहां पर लोभ, क्रोध, मोह, शोक, भय आदि की अधिकता होती है वहां प्रेतों को भोजन मिलता है।

इसके बाद दूसरे प्रेत ने अपने भोजन के विषय में बताते हुए कहा कि बुरी से बुरी वस्तु हमारा खाद्य पदार्थ होती है। किंतु अब हम प्रेत भाव से विरक्त हो गए हैं इसलिए हे महाभाग! आप यह बताइए कि हम क्या करें जिससे हमें यह प्रेत भाव न रहे।

उनकी यह बात सुनकर ब्राह्मण ने कहा कि नित्य प्रति उपवास करने वाला और महाव्रत करने वाला कभी प्रेतत्व को प्राप्त नहीं होता। जो मनुष्य राजा रूप में यज्ञ करता है तथा आराम घर प्याऊ आदि बनवाता है वह प्रेतत्व को प्राप्त नहीं होता। जो ब्राह्मण और कुमारी कन्याओं का विवाह करा देता है और जो विद्या दान करता है वह प्रेतत्व को प्राप्त नहीं होता। किंतु इसके विपरीत दूसरे के अन्न को खाने वाला, यज्ञ न करने वाला और अपकर्म करने वाला ब्राह्मण देवता तथा गुरु में से किसी की संपत्ति का हरण करने वाला व्यक्ति प्रेतत्व को प्राप्त होता है। इसके अतिरिक्त धरोहर का अपहरण, मित्रों से द्रोह, विश्वासघात, भाई से द्रोह, गऊ का वध, गुरु की शैया पर गमन करने वाला मनुष्य प्रेत हो जाता है।

भीष्म जी ने कहा कि जब ब्राह्मण और पांच प्रेतों में यह संवाद चल रहा था तो आकाश से फूलों की वर्षा हुई। उन प्रेतों का प्रेतत्व उस ब्राह्मण के साथ बातचीत करने में नष्ट हो गया था और वे मुक्त हो गए थे।

यह सुनकर गरुड़जी ने भगवान से कहा-हे प्रभु! वेदों में कहा गया है कि कभी कोई अकाल में नहीं मरता अर्थात् सभी स्वाभाविक मृत्यु को प्राप्त होते हैं फिर राजा श्रोत्रिय कैसे मृत्यु को प्राप्त होता है? कलियुग में उतनी उम्र क्यों नहीं रहती?

इस प्रश्न के उत्तर में भगवान नारायण बोले-मनुष्य विधाता के द्वारा दिए गए समय को भोग कर चला जाता है। यद्यपि मनुष्य सौ वर्षों तक जीने वाला होता है लेकिन अपने बुरे कर्मों से उसकी आयु का क्षय हो जाता है और जो व्यक्ति श्रद्धा नहीं रखता व अशुद्ध रहता है पापों में लीन रहता है उसके लिए यमराज का द्वार जल्दी खुल जाता है। जो ब्राह्मण अपने कर्मों को नहीं करता और जो वैश्य शास्त्र की विधि से कर्म न करके पापयुक्त कर्म करने लग जाता है वह भी जल्दी ही यमराज के लोक में पहुंचता है। जो शूद्र अपने सेवा भाव को त्यागकर अपने मन-इच्छित कर्म करता है वह भी यमराज के यहां जल्दी पहुंचता है।

यह मनुष्य का शरीर अनित्य है और समाप्त होने वाला है। ऐसा वह कब तक रहेगा यह नहीं कहा जा सकता। इस देह की उत्पत्ति रस से होती है और यह अन्न के एक पिंड से पूरा होता है। इसलिए रस और अन्न की संगति में दोष होने से यह शरीर कैसे नित्य हो सकता है? मनुष्य को चाहिए कि वह अपने शरीर से और पाप न करके पुराने पापों को ही नष्ट करें क्योंकि पिछले जन्म के पाप ही मनुष्य के नये जन्म को प्रभावित करते हैं। अर्थात् मानसिक व्यथा और व्याधि अर्थात रोग के विषय में विचार करते हुए मनुष्य को चाहिए कि वह शुभ और अशुभ को देखे। क्योंकि जन्म लेने के बाद शरीर अज्ञान के अंधकार से ढक जाता है।

जन्म ग्रहण करने के बाद मृत्यु अवश्य होती है। कोई भी व्यक्ति हो- संपन्न या गरीब, विद्वान् या अनपढ़, ऊंची जाति वाला या हीन जाति वाला इस देह को धारण किए बिना सुख की प्राप्ति नहीं होती और वह सुख-दुख पहले जन्मों के कर्मों पर ही निर्भर रहता है। जन्म के बाद समय-समय पर पूर्व जन्म के पाप और पुण्य भोगे जाते हैं। इस प्रकार मनुष्य व्रतों और दानों के प्रभाव से मोक्ष को भी प्राप्त करता है और उसके अभाव से भावागमन में लगा रहता है।

इसके बाद गरुड़जी ने पूछा कि जिसकी बाल्य अवस्था में ही मृत्यु हो जाती है उसका पिंडदान कैसे होता है? जब तक बच्चे का चूड़ाकरण संस्कार न हो जाए तब तक या फिर उसके बाद उसके मरने पर क्या विधान होता है?

इस प्रश्न के उत्तर में भगवान बोले कि गर्भपात की अवस्था में कुछ विशेष करणीय नहीं होता। जब तक चूड़ाकर्म न हो तब तक शिशु को भूमि में गाड़ देना चाहिए और उसकी आत्मा की शांति के लिए बच्चों को दूध पिलाना चाहिए। चूड़ाकर्म के बाद विधिवत् दाह संस्कार करना चाहिए और यदि दस वर्ष की अवस्था तक मृत्यु हुई है तो उसकी तृप्ति के लिए अन्य शिशुओं को भोजन और दूध देना चाहिए। जो जन्म ग्रहण करता है उसकी मृत्यु तो होती ही है इसलिए वह पुनः जन्म ग्रहण करता है। मृत्यु के बाद आत्मा की तुष्टि के लिए संकल्प करते हुए मनुष्य को चाहिए कि वह दान करे और भोजन के साथ मिठाई का दान भी उत्तम होता है। जब गरुड़ पुराण? कोई व्यक्ति पांच वर्ष से अधिक बड़ा होता है जो अपनी इंद्रियों के विषय में पूरी तरह से जान लेता है उसे भी पूर्व जन्मों में किए हुए कर्मों का ध्यान नहीं रहता किंतु उनका प्रभाव होता है। ऐसे के मृत हो जाने पर विधिवत् संस्कार करना चाहिए और दस पिंड दान करना चाहिए। जो-जो कुछ उसे अपने जीवन में प्रिय होता है वही बाद में दान करना चाहिए। इस प्रकार इसके बाद अवस्था के अनुरूप भोग और योग से ज्ञान प्राप्त करते हुए सारे संस्कार करने चाहिए।

हे गरुड़! मैं प्रेतत्व की मुक्ति के लिए सुकृत और दान के विषय में भी बताता हूं। मैंने इसके विषय में पहले तुम्हें प्रभु वाहन नाम के राजा की कथा सुनाई थी और तुम्हें पता चला था कि किस प्रकार वह प्रेत योनि से मुक्त हुआ था। लेकिन इसकी विशेष मुक्ति के लिए स्वर्ण घट का दान बहुत आवश्यक है। ऐसा दान करके फिर किसी दूसरे दान की आवश्यकता नहीं रहती। किंतु इन दोनों में जैसा कि मैंने पहले बताया मनुष्य को आसक्ति रहित होकर दान करना चाहिए। इससे यमराज की तुष्टि होती है और प्रेतत्व से मुक्ति प्राप्त होती है।

■■

अष्टम अध्याय

पक्षीराज गरुड़ ने भगवान नारायण से पूछा कि मनुष्य को मरने के बाद किस प्रकार सद्गति मिलती है और मरता हुआ प्राणी किस प्रकार के कृत्य करता है तथा उसे कैसे कार्य करने चाहिए।

गरुड़ के इस प्रश्न के उत्तर में भगवान नारायण ने कहा कि जब कर्म के वशीभूत होकर अंतिम समय आ जाए तो उस समय मनुष्य को चाहिए कि तुलसी के पास गोबर का मंडल बनाए और फिर तिलों को फैलाकर कुशा का हलका-सा आसन बनाए फिर शालिग्राम शिला की स्थापना करें क्योंकि तुलसी के पेड़ की छाया जहां मिल जाती है वहां मरने से मुक्ति होती है। तुलसी का वृक्ष जिस घर में होता है वहां यमराज नहीं पहुंचता। जो मनुष्य तुलसी का दल मुख में रखकर प्राण त्याग करता है वह पुत्रहीन होने पर भी विष्णु लोक को प्राप्त होता है। तिल भगवान के-पसीने से उत्पन्न हैं इसलिए पवित्र हैं और कुश मेरे रोम की विभूति है। कुशा के मूल में ब्रह्मा, बीच में जनार्दन और अगले भाग में शंकर विद्यमान है। इसलिए कुश, अग्नि, ब्राह्मण और गऊ ये बार-बार काम में लगने पर भी अपवित्र नहीं होते। ये सब निर्माल्य होते हैं।

मनुष्य को चाहिए कि गोबर से लिये हुए स्थल पर मनुष्य को सुलाए। पलंग से उतार कर उसे नीचे लिटाए। खाट से उतारना इसलिए आवश्यक है कि पिशाच, राक्षस, भूत-प्रेत, यम के दूत खाट और बिना लिपे स्थान में प्रवेश कर लेते हैं। फिर इसके बाद लिपि हुई भूमि पर सुलाकर मरने वाले के मुख में स्वर्ण और रत्न डाले। फिर चरणामृत पिलाए क्योंकि जो व्यक्ति शालिग्राम के छुए हुए जल को एक बूंद के रूप में भी लेता है वह पापों से छूट जाता है। उसके बाद गंगाजल पिलाए क्योंकि गंगाजल सब तीर्थों का पुण्य फल देने वाला होता है। हे गरुड़! जैसे अग्नि को पाकर रुई, जल जाती है वैसे ही गंगा के जल से पाप नष्ट हो जाते हैं। जिस तरह से नदियों में स्नान करने में मनुष्य पवित्र होता है उस तरह से गंगा के दर्शन और नाम लेने मात्र से पवित्र हो जाता है। मरते समय जो व्यक्ति गंगा का जल पीते हुए गंगा का उच्चारण भी करता है वह विष्णु लोक को जाता है और मोक्ष को प्राप्त होता है। अत: गंगा का ध्यान करना बहुत आवश्यक है। श्रीमद्भागवत् की कथा सुनना भी मोक्ष दिलाता है। वेद और उपनिषदों का पाठ तथा शिव और विष्णु के स्तोत्र से मरने के बाद मुक्ति मिल लाती है। हे गरुड़ मृत्यु के समय मनुष्य को अनशन व्रत करना चाहिए और अपने मन में यह विचार करके कि मैंने संन्यास ले लिया है ऐसा व्यक्ति फिर उत्पन्न नहीं होता। इस तरह धर्मात्मा का प्राण ऊपर के छिद्र द्वारा निकलता है। जो लोग सुकृति होते हैं वे अपने प्राणों का विसर्जन मुख, आँख, नाक और कान के द्वारों से करते हैं। योगी लोग तालु के छिद्र से प्राण छोड़ते हैं।

इस तरह हे पक्षीराज! काल से चोट खाया हुआ यह शरीर ईश्वर रूपी वायु के निकल जाने से आधारहीन पेड़ की तरह हो जाता है। प्राणों के न होने पर यह शरीर अस्पर्श्य और दुर्गंध युक्त हो जाता है। इसलिए क्षणमात्र में नष्ट होने वाले इस शरीर का गर्व नहीं करना चाहिए।

मनुष्य में जो पांच तत्त्व होते हैं वे अलग-अलग पृथ्वी में पृथ्वी, जल में जल, पवन में पवन, हवा में हवा और तेज में तेज विलीन हो जाते है। आकाश में आकाश लीन हो जाता है। यह आकाश ही सर्वव्यापी है। यह नित्य मुक्त है अजन्मा अमर आत्मा है और यही साक्षी रूप है। पुण्य कर्मों से युक्त होकर यह आत्मा नये शरीर में प्रवेश करती है और जो पुण्यात्मा होते हैं धर्म के ज्ञाता होते हैं वे पूजित हो कर देवलोक को जाते हैं।

यह सुनकर गरुड़जी ने पूछा कि हे प्रभु! अग्नि-संस्कार का विधान भी बताइए और साध्वी पत्नी का महत्त्व बताने की भी कृपा करें।

इस प्रश्न के उत्तर में भगवान नारायण बोले कि पुत्र और पौत्र मरने के बाद पिंडदान करते हुए पिता के ऋण से मुक्त हो जाते हैं। पुत्र को चाहिए कि वह माता-पिता की अंत्येष्टि करे। शोक को छोड़कर अपने पापों को दूर करने के लिए बंधु-बांधवों सहित मुंडन कराए। जो पुत्र माता या पिता के मरने के बाद मुंडन नहीं कराता वह मानो वास्तविक पुत्र ही नहीं होता। पुत्र को चाहिए कि मुंडन करा कर फिर स्नान करके, धवल वस्त्र धारण करके, ताजे जल से मृतक के शरीर को स्नान कराए। उसके बाद चंदन माला आदि से उसे सुशोभित करे और नये वस्त्रों से ढांप कर दक्षिणा समेत पिंड दान करे। द्वार देश में मृतक के नाम के साथ पांच शब्द जोड़कर पिंड का दान करे। इसके बाद प्रदक्षिणा करके पुत्रवधू आदि के द्वारा पूजन करे। पहले पुत्र को कंधा लगाना चाहिए और फिर दूसरे बंधुओं को। जो पुत्र अपने कंधे पर रखकर पिता को श्मशान तक ले जाता है उसे अश्वमेध यज्ञ का फल मिलता है और वह अपने पिता ऋण से छूट जाता है। इसके बाद पुत्र को चाहिए कि वह आधे मार्ग में भूमि को साफ करके शव को आराम दे और फिर पिंड दान कराए। इस पिंड दान से दूसरी दिशा में रहने वाले प्रेत यक्ष अग्नि को समर्पण करने के योग्य होकर शव को अयोग्य नहीं कर सकते।

श्मशान में शव को ले जा कर उत्तर की ओर मुँह करके रखे और फिर भूमि को साफ करें। गोबर से लीपकर उसके ऊपर जल छिड़के और उसके बाद अग्नि की स्थापना करे और फिर वेदमंत्रों से विधिपूर्वक हवन करे और प्रार्थना करे कि हे भगवान्! आप भूतों के धारण करने वाले हैं और जगत के उत्पत्ति कारक हैं। भूतों को पालने वाले हैं इसलिए इस मरे हुए व्यक्ति को स्वर्ग

ले जायें। इस तरह अग्नि की प्रार्थना करके तुलसी की लकड़ी, पलाश या पीपल की लकड़ियों की चिता बनाए और फिर मृत शरीर को चिता में रखकर, चिता में शव के हाथ पर, उसके नाम के साथ प्रेत लगाकर पिंड दान करे। मनुष्य को चाहिए कि वह पांच पिंड दान के पश्चात् शव को जलाने का उपक्रम करे। यदि वह पांच पिंड दान नहीं करता तो भूत आदि विघ्न पैदा कर सकते हैं। उसके बाद पुत्र को चाहिए कि वह अग्निहोत्री को साथ में लेकर शव में अग्नि लगाए।

जो लोग पंचक में मरते हैं उन्हें सद्गति नहीं मिलती। पंचक में दाह नहीं करना चाहिए। पांच नक्षत्र दाह के योग्य नहीं होते। किंतु इन पांच नक्षत्रों के विघ्नों को दूर करने का भी उपाय है और विधिपूर्वक दाह तथा उन दोषों की शांति हो सकती है।

हे गरुड़! मरने वाले के पास चार पुतले रखने चाहिए। कुशा के बने हुए ये पुतले मंत्र द्वारा मंत्रित हों। फिर सोना तपाकर उसमें चार नक्षत्रों का नाम अंकित करना चाहिए और फिर 'प्रेता जयत' मंत्र से हवन करना चाहिए। उसके बाद शव दाह करना चाहिए। तिल का पात्र सोना चांदी और कांस्य पात्र घनिष्ठादि नक्षत्रों के क्रम से दोष की शांति के लिए दान करना चाहिए। शांति विधान से जो दाह होता है उसमें कोई विघ्न नहीं होता और मृतात्मा को सद्गति मिलती है। इसी प्रकार पंचक में दाह कर्म किया जाता है।

यदि पत्नी पति के साथ जलना चाहती हो तो वह स्नान करे। उचित तरह से तैयार हो फिर गुरु को नमस्कार करे तथा भक्ति करे और फिर लज्जा त्याग कर श्मशान भूमि की ओर आए। वहां सूर्य को नमस्कार करके चिता की परिक्रमा करे और फिर उसे फूल की सेज समझकर उस पर चढ़े और पति को अपनी गोदी में सुलाए और फिर गंगा स्नान के समान अपने शरीर को जलाए। गर्भिणी स्त्री को पति के साथ नहीं जलना चाहिए। जो नारी पति के शरीर के साथ जलती है उसका शरीर तो जलता है किंतु आत्मा को कष्ट नहीं होता। वह नारी अपने पापों को जला देती है जिस तरह धातु से तपाए हुए लोहे के पिंड से धातु नहीं जलती वैसे ही स्त्री जलती नहीं बल्कि शुद्ध हो जाती है। उसकी आत्मा पति की आत्मा के साथ एकमेव हो जाती है।

पति के साथ मरने पर वह पति में ही मिल जाती है किंतु जब तक वह अपने शरीर को नहीं जलाती तब तक शरीर से कभी मुक्त नहीं होती। पति के मरने पर जो नारी अपने को जलाती है वह स्वर्गलोक में जाती है और जब तक चौदह इंद्र रहते हैं तब तक वह पति' के साथ विहार करती है।

पति के साथ सती होने वाली स्त्री अपने कुलों को पवित्र करती है। मनुष्य की देह में जितने रोम हैं। वह अपने ही काल तक आनंद करती है। फिर वह अधिक आयु लेकर निर्मल कुल में उत्पन्न होती है और उसी पति को प्राप्त होती है। जो विधवा स्त्री थोड़ी सी देर के शरीर जलन के दुख को नहीं सहती वह विरह की आग में जलती रहती है। इसलिए स्त्री को चाहिए कि वह पति को शिव समझकर अपना शरीर जलाए।

हे, गरुड़, मनुष्य को चाहिए कि वह जलते हुए शव का मस्तक लकड़ी से और यतियों का मस्तक श्रीफल से फोड़े। मृतक के पुत्र को चाहिए कि वह ब्रह्म लोक की प्राप्ति के लिए घी की आहुति से यज्ञ करे और कहे कि हे पावक आप ब्रह्म से उत्पन्न हो और आप दिव्य शरीर वाले हो आप हवि, हो इसलिए आप प्रज्ज्वलित हो जिससे यह स्थूल शरीर आप में जल जाए। फिर मंत्रों सहित आहुति देकर रोए। फिर दाह के पश्चात् पुत्र और स्त्री को स्नान करना चाहिए ओर मरे हुए व्यक्ति का नाम तथा गोत्र उच्चारित करके उसे छोड़ देना चाहिए फिर मृतक के गुणों का वर्णन करना चाहिए।

मृतक के दाह के बाद वाले दिन अपने घर का भोजन न करें। दक्षिण दिशा में मुख करके स्थान को लीपे और जहां उसको रखा गया था वहां 12 रात दिन दीपक जलाए।

श्मशान में या किसी चौराहे पर मिटी के बर्तन में तीन दिन तक दूध और जल छोड़े और यह कहे कि हे मरने वाले तुम बंधु-बंधुओं के द्वारा त्याग दिए गए हो। यह जल और दूध है। जल से मान करो और दूध पियो। हे गरुड़ चौथे दिन चिता के स्थान को दूध से छिड़क कर हड्डियों को एकत्रित करना चाहिए फिर उनको दूध और जल से धोकर मिट्टी के पात्र में रखकर श्राद्ध करना चाहिए। चिता की भस्म को इकट्ठा -करके घड़े में स्थापित करके प्रवाहित कर देना चाहिए।

मनुष्य को चाहिए कि यदि प्रवाहित न करे तो पंद्रह पग उत्तर दिशा में चल कर गड्ढा खोदकर हड्डी के पात्र को दबा दे। इसके बाद दाह पीड़ा को नाश करने वाले पिंड का दान करें और फिर गंगा के किनारे जाकर पवित्र होकर अस्थियों को अपने हाथ में ले और मस्तक पर छुआ कर गंगा में प्रवाहित कर दे। जितने वर्ष तक मनुष्य की हड्डी गंगा में बहती रहती है उतने हजार वर्ष तक वह स्वर्ग लोक में आनंद करता है। गंगा का स्पर्श करने मात्र से मनुष्य स्वर्गलोक को पहुंच जाता है।

यदि किसी व्यक्ति की मृत्यु की सूचना विदेश से प्राप्त हुई हो या किसी और रूप में मारा गया हो उसकी देह न मिली हो तो जिस दिन उसकी मृत्यु का पता चले उसी दिन कुशा का पुतला बनाकर कही हुई विधि के अनुसार उसका दाह संस्कार करे और फिर उसकी भस्म को गंगा में प्रवाहित कर दे।

यदि गर्भ के पूरा होने पर स्त्री की मृत्यु हो जाए तो पेट को चीर कर बालक को निकाल कर उसे भूमि में गाड़ दे और स्त्री का दाह संस्कार करे। 27 महीने तक के बालक को भूमि में गाड़े और इसके बाद उसे जलाकर उसकी अस्थियां गंगा में प्रवाहित करें।

बालक के मरने पर दूध देना चाहिए और कुमार बालक के मरने पर कुमार को ही खिलाना चाहिए। इस तरह मैंने तुम्हें मृत्यु के उपरांत कर्त्तव्य कर्मों के विषय में बताया है। कुमार बालक का ग्यारहवां और बारहवां सामान्य रीति से करना चाहिए। यदि यज्ञोपवीत हो गया हो तो यज्ञोपवीत के साथ उसका पिंड दान करे और खीर और दूध से पांच पिंड दे।

जो लोग ज्ञानी होते हैं वे आत्मस्वरूप होते हैं और पुत्र के द्वारा पिंड दान प्राप्त करने की अभिलाषा नहीं रखते। अत : उनका पिंडदान और जल दान नहीं करना चाहिए किंतु पिता की भक्ति- भावना से तीर्थ श्राद्ध किया जा सकता है।

■■

नवम अध्याय

गुरुजी ने भगवान नारायण से दसगात्र की विधि जाननी चाही और यह भी पूछा कि यदि पुत्र न हो तो यह क्रिया किसके द्वारा की जानी चाहिए? इसके उत्तर में भगवान ने कहा कि दसगात्र की विधि करने से पुत्र पिता के ऋण से मुक्त हो जाता है।

पुत्र को चाहिए कि सत्वगुण से परिपूर्ण होकर पिंड दान करे और रोए नहीं प्रेतों के लिए आंसू बाधक होते हैं क्योंकि शोक करने के बाद भी मरा हुआ व्यक्ति वापस नहीं आता। अत : शोक व्यर्थ है। जिसका जन्म होता है उसकी मृत्यु होती है इसलिए वह मनुष्य के जीवन का आवागमन होता ही रहता है। दैवी ओर मनुष्य की ऐसी कोई विधि नहीं है जिससे मृत्यु को प्राप्त प्राणी फिर पैदा हो जाए। यदि ऐसा होता तो राजा राम और बड़े-बड़े महानुभाव दुखी न होते। जैसे कोई यात्री मार्ग में चलता हुआ किसी छाया में आराम करता है और फिर आगे चला जाता है उसी तरह से प्राणियों का आपसी संबंध होता है। जिस तरह से एक समय में बनाई गई वस्तु थोड़े समय के बाद नष्ट हो जाती है उसी तरह से प्राणियों का संबंध होता है। इसलिए मृत्यु के विषय में शोक करना विकार है। अज्ञान से उत्पन्न शोक को छोड़कर पुत्र को चाहिए कि वह मरे हुए की क्रिया करे।

1. पुत्र के न होने पर वधु क्रिया करे।
2. वधू के न होने पर मृतक का सगा भाई यह कार्य करे।
3. ब्राह्मण की क्रिया उसका शिष्य करे।
4. और यदि कोई न हो तो भाइयों में से कोई एक पुत्र यह क्रिया करे।
5. यदि रक्त संबंध में कोई न हो तो यह कार्य मित्र को करना चाहिए।

इस प्रकार इसी कम से बंधु-बांधव इस क्रिया को करें। यदि एक पुरुष की अनेक स्त्रियां हैं तो उनमें से किसी भी एक से उत्पन्न पुत्र को यह कार्य करना चाहिए क्योंकि यदि एक के भी पुत्र होता है तो वे सभी स्त्रियां पुत्रवती कहलाती हैं। यदि कोई व्यक्ति किसी अनाथ प्रेत का संस्कार करता है तो उसे करोड़ों यज्ञों का फल मिलता है। यदि पुत्र की मृत्यु होती है तो पिता कष्ट पूर्वक दसगात्र करे। लेकिन संवत्सर श्रद्धा अलग- अलग विभाग के कारण अलग- अलग करना चाहिए क्योंकि संपत्ति का विभाग हो जाता है।

दसगात्र के अवसर पर दिन में एक बार भोजन करना चाहिए और भूमि पर सोना चाहिए और इस अवसर पर शुद्ध रहते हुए ब्रह्म के ध्यान में तत्पर रहना चाहिए। माता-पिता की परिक्रमा करने से पुत्र को पृथ्वी की परिक्रमा का फल प्राप्त होता है।

दसगात्र के आरंभ से बरसी तक यदि पुत्र एक समय पर आहार करने वाला होकर भूमि पर सोता है तो उसे तीर्थ का लाभ मिलता है। वेदी बनाने और गोबर से लीपने की क्रिया पहले ही बता दी गई है। लेकिन प्रेत का श्राद्ध करते हुए पुत्र को यह ध्यान रखना चाहिए कि पत्ते पर कुशा के ब्राह्मण को स्थापित कर उसकी पूजा करे और "अतसीपुष्य संकाशम" मंत्र पढ़कर ब्राह्मण को प्रणाम करे और फिर नाम गोत्र कहकर पिंडदान करे। भात का या जौ के आटे का पिंड दान करना चाहिए। इसके साथ-साथ वह यह भी कहे कि मेरी ये दी हुई वस्तु अमुक प्रेत को मिले।

इसके उपरांत बाहर से स्नान करके, धान और दूध लेकर, दसगात्र करने वाला मृतक की स्त्री को आगे करके उसके घर जाए और फिर प्रार्थना करे कि दूब के समान कुल की वृद्धि हो और धान के लावा की तरह विकास हो यह कह कर वह दूब युक्त धान घर में फेंक दे।

हे गरुड़! दसवें दिन मांस का पिंड देवें! क्योंकि कलियुग में मांस का पिंड देना वर्जित है इसलिए उड़द का पिंड दे और फिर मुंडन कराकर ब्राह्मणों को भोजन दे। इस प्रकार दसगात्र करने वाला पुत्र परम लाभ को प्राप्त होता है।

■■

दशम अध्याय

गरुड़जी ने भगवान नारायण से कहा- हे प्रभु! आप मुझे एकादशाह वृर्षोत्सर्ग का विधान बताइए।

भगवान नारायण ने कहा कि मनुष्य को चाहिए कि वह ग्यारहवें दिन प्रात : काल तालाब के किनारे जाए और पिंड क्रिया करे। उन ब्राह्मणों को निमंत्रण दे जो वेद-शास्त्र में आस्था रखने वाले हैं और प्रेत की मुक्ति के लिए प्रार्थना करे। इसके पूरव 10 दिन तक मंत्रों के अभाव में ही गोत्र का उच्चारण करके पिंडदान करे और ग्यारहवें दिन मंत्रों सहित पिंडदान करे। विष्णु की मूर्ति सोने की, ब्रह्मा की चांदी की और रुद्र की तांबे की और यमराज की लोहे की मूर्ति बनवा कर, गंगाजल लाए और फिर विष्णु का कलश रखे। उस कलश के ऊपर उस मूर्ति की स्थापना करे। पूर्व दिशा में ब्रह्मा का कलश रखकर सफेद कपड़ा चढ़ा कर मूर्ति की स्थापना करे। उत्तर की दिशा में शहद और घी से भरे हुए रुद्र का कलश रखे और लाल वस्त्र उड़ाकर रुद्र की स्थापना करे। दक्षिण दिशा में यमराज का घट रखे और काला वस्त्र लपेटकर यमराज की मूर्ति स्थापित करे। इसके बाद बीच में ब्राह्मण को प्रतिष्ठित करके दक्षिण की तरफ मुंह करके प्रेत के प्रति तर्पण करे। इसके बाद गऊ का दान दे फिर मृतक के उपयोग की सभी वस्तुएं दान करे।

पुत्र को चाहिए कि वह शैया के ऊपर स्वर्ण पुरुष की स्थापना करके उस शैया का दान करे और कहे- हे ब्राह्मण! प्रतिमायुक्त सभी सामग्री मैंने आपको दे दी है। उसके बाद वह नमस्कार करके दान करे। इस वृषोत्सर्ग से परम गति प्राप्त होती है। वृषोत्सर्ग में रोगी और हीन अंग-वाले बच्चों को छोड़कर लक्षण से युक्त वृषभ का त्याग करे। ब्राह्मण को देने के लिए जो वृषभ हो उसकी आँखें लाल, पीला वर्ण और उचित सींग आदि होना चाहिए। पेट सफेद और पीठ काली होनी चाहिए क्षत्रिय के लिए लाल रंग का चिकना वृषभ होना चाहिए। वैश्य के लिए पीले रंग का, शूद्र के लिए काले रंग का वृषभ होना चाहिए। पिंग -वृषभ पीले रंग का होता है और पितरों में प्रेम बढ़ाने वाला होता है। नील वृषभ का मुख, और पूँछ सफेद होती है और शरीर लाही के रंग का लाल होता है। रक्त-नील वृषभ का शरीर लाल रंग का होता है। मुख और पूंछ हलके पीले रंग की। नील पिंग उस वृषभ को कहते हैं जिसके खुर और पूंछ पीले रंग के होते हैं और बाकी अंग किसी एक रंग का। प्रभु नील वृषभ कबूतर के रंग का होता है और उसके माथे पर तिलक होता है। यह वृषभ पूर्वजों का उद्धार करने वाला होता है। जिसका सारा शरीर नीला होता

है उसे महानील कहते हैं। नील वृषभ पांच प्रकार के होते हैं। यदि कोई एक पुत्र अनेक पुत्रों की कामना करता है और गया का श्रद्धा करता है, गोरी कन्या से विवाह करके ओर फिर नील वृषभ को त्यागता है तो वही पुत्र मान्य योग्य होता है। स्वर्ग में गए हुए पितृ भी इस बात की कामना करते हैं कि उनका कोई पुत्र वृषोत्सर्ग कर दे तो वे परम गति को प्राप्त होंगे। क्योंकि वृष यज्ञ मुक्ति देने वाला होता है।

मनुष्य को चाहिए कि वह विधानपूर्वक वृष यज्ञ करे। ग्रहों की स्थापना करते हुए उन्हें वैदिक मंत्रों से पूजते हुए यज्ञ करे। वृष और गाय का पूजन करके बछड़े या बछिया को लाकर उनमें कंगन बांधे और जिस तरह विवाह में खंभे गाड़े जाते हैं उस तरह गाड़े। वृषभ और बछिया को यदि संभव हो तो रुद्र कुंभ के जल से स्नान कराए। फिर गंध और माला से पूजा करके कुंभ की परिक्रमा करे। इसके उपरांत त्रिशूल को दायीं ओर रखे और बायीं ओर चक्र का निशान बनाए और फिर बैल को छोड़ते हुए कहे- हे वृषभ! तुम धर्म हो और ब्रह्म के द्वारा मंत्र के रूप में प्राचीन काल से ही रचे गए हो। मैं आपका उत्सर्ग करता हूं आप मेरे पितरों को इस भवसागर से पार उतारें। यह कर भगवान ने कहा कि मैं ऐसे व्यक्ति को मोक्ष प्रदान करता हूं।

यदि किसी पुरुष को जीवन काल में पुत्र न होने का विश्वास हो जाए तो उसे स्वयं विधानपूर्वक वृष उत्सर्ग करना चाहिए। इससे वह परम गति को प्राप्त होता है। कार्तिक का महीना हो, सूर्य उत्तरायण में हो, पक्ष चाहे कोई भी हो, सूर्य और चंद्र ग्रहण दोनों अवसरों पर किसी भी अवसर पर मनुष्य को चाहिए कि वह वृषोत्सर्ग करे। शुभ लक्षण से युक्त ब्राह्मण को बुलाकर पहले हवन की सारी विधियां संपन्न करे और फिर शालिग्राम को रखकर वैष्णव श्राद्ध करे फिर अपना श्राद्ध करे। इस तरह जो भी कोई भी व्यक्ति चाहे पुत्रवत हो और चाहे पुत्रहीन हो यह कार्य करके काम्य फल प्राप्त करता है। वृष का उत्सर्ग अनेक यज्ञों और अनेक दानों के पुण्य के समान होता है। मनुष्य की कोई भी अवस्था हो (बचपन. जवानी, बुढ़ापा) सब में इस कर्म से पाप दूर हो जाते है। इसके अतिरिक्त शराबी, दुष्ट, मित्र द्रोही, ब्रह्महत्या का पापी और सोना चुराने वाला कोई भी व्यक्ति. यह उत्सर्ग करके पापमुक्त हो जाता है।

यदि पति और पुत्र वाली स्त्री जो पति और पुत्र से पहले मृत्यु को प्राप्त हो जाए तो उसके वृष को उत्सर्ग नहीं करना चाहिए। उसके लिए दूध देने वाली गऊ का दान होना चाहिए। है गरुड़ वृष के उत्सर्ग वाले बैल से जुताई का काम नहीं लेना चाहिए। ऐसे पूजित बैल को मारने वाला यम की यातना सहता है।

इस विषय में एक और बात मैं तुमसे कहता हूं कि सोलह श्राद्ध करने से पहले मनुष्य को चाहिए कि वह मृतक के स्थान, अर्ध मार्ग, चिता, और मृतक के हाथ पर हड्डियों के संचयन में सोलह पिंड देवे। पहला पिंड विष्णु के लिए, दूसरा शिव के लिए, तीसरा सपरिवार यम के लिए, चौथा सोमराज के लिए, पांचवां हव्य और छठा कव्यवाह के लिए, और सातवां काख के लिए दे।

आठवां रुद्र, नवां पुरुष, दसवां प्रेत, ग्यारहवां विष्णु के लिए देकर बारहवां ब्रह्मा के लिए दे, फिर तेरहवां विष्णु के लिए और चौदहवां शिव के लिए देकर पुनः यमराज के लिए पंद्रहवां पिंड दान करे और वह सब करने के बाद सोलहवां पिंड उस पुरुष के लिए दान करे। इस तरह बारह महीनों में पाक्षिक, त्रैमासिक और छमाही पिंडदान किया जा सकता है। इस तरह षोडश, पूर्व षोडशी, मलिन षोडशी और मध्य षोडशी कुल मिलाकर अड़तालीस श्राद्ध होते हैं। इनसे प्रेतों का उद्धार होता है ओर उनके पाप समाप्त हो जाते हैं।

जो व्यक्ति इन श्राद्धों को नहीं कर पाता उनके मृतक प्रेत योनि में स्थिर हो जाते हैं। इसलिए पुत्र को चाहिए कि वह षोडश श्राद्ध करे और जो पत्नी यह सोलह श्राद्ध करती है और संपूर्ण रूप से 48 श्राद्ध करती है वह परम पद को प्राप्त होती है। उसका जीवन सफल हो जाता है। यदि कोई व्यक्ति आग से जलकर मर जाता है तो उसका भी श्राद्ध इसी प्रकार विधिपूर्वक किया जाए। किंतु सांप के काटने से मरने वाले पुरुष के लिए दोनों पक्षों की पंचमी तिथि में नाग का पूजन करना चाहिए।

मनुष्य को चाहिए कि वह सर्प के शरीर की आकृति आटे से बनाए और पृथ्वी पर यह आकृति बनाकर फूलों तथा चंदन से पूजा करे फिर धूप दीप देकर कच्चा पिसा हुआ नैवैद्य और दूध दे और अपनी सामर्थ्य के अनुसार गऊ और सोने का नाग बनाकर ब्राह्मण को दान करे। फिर कहे कि हे नागराज! आप प्रसन्न होवें। फिर नारायण बलि की क्रिया करें। जो व्यक्ति ऐसा करता है वह पाप मुक्त हो जाता है। इसके बाद ग्यारहवें दिन पिंडदान करके संपीडन करके और सूतक के बीत जाने पर शैया आदि का दान करे।

■■

एकादश अध्याय

गरुड़जी ने भगवान से पूछा कि हे महाराज नारायण! मुझे अब आप संपीडन की विधि और सूतक के विषय में बताइए शैया तथा पद दान के विषय में भी उनकी महिमा बताइए। यह सुनकर भगवान नारायण बोले कि यह क्रिया ऐसी है कि इससे प्रेत का नाम छूट जाता है और वह पितृ गणों में निवास करता है। जो पुत्र संपीडन किए बिना सूतक से निवृत्त नहीं होता वह हमेशा अशुद्ध रहता है इसलिए पुत्र को संपीडन करना चाहिए। इसके उपाय इस प्रकार हैं-

दस दिन में ब्राह्मण, बारह दिन में क्षत्रिय और पंद्रह दिन में वणिक तथा एक महीने में शूद्र शुद्ध होता है। प्रेत के सूतक से सपिंडी लोग 10 दिन में शुद्ध हो जाते हैं। जो कुल के लोग होते हैं वे तीन रात में शुद्ध हो जाते हैं और अपने गोत्र के लोग नहाने मात्र से शुद्ध हो जाते हैं। पीढ़ियों के भेद से सूतक के दिनों में अंतर होता है। चौथी पीढ़ी में दस रात तक, पांचवीं पीढ़ी में छः, छठी पीढ़ी में चार और सातवीं में तीन दिन तक सूतक रहता है। इसके बाद आठवीं में एक दिन और नवमी में दो पहर तथा दसवीं पीढ़ी में स्नान करने से ही सूतक समाप्त हो जाता है। जो व्यक्ति परदेश में गया हुआ है यदि उसकी मृत्यु का संवाद दस दिन के अंदर मिले तो जितने दिन शेष रह जाते हैं उतने ही दिन का सूतक माना जाना चाहिए। इस दिन के बाद यदि एक वर्ष तक मृत्यु की सूचना मिले तो तीन रात तक सूतक होता है और एक साल के बाद समाचार मिलने से सूतक मात्र स्नान करते ही नष्ट हो जाता है और यदि पहले सूतक के दो भाग बीतने के बाद दूसरा लग जाता है तो पहले के साथ ही वह समाप्त हो जाता है। बालक के दांत निकलने से पहले ही यदि उसकी मृत्यु हो जाती है तो नहाने मात्र से शुद्धि हो जाती है। मुंडन तक एक रात और यज्ञोपवीत के बाद तीन रात और फिर इसके बाद दस रात में शुद्धि होती है। जन्म से मुंडन तक कन्या मरने पर स्नान मात्रा से शुद्धि होती है। इसके बाद विवाह तय होने पर एक दिन और विवाह के बाद दोनों कुलों में तीन रात्रि का सूतक होता है। वाग्दान और विवाह के बीच का सूतक दोनों कुलों में होता है लेकिन विवाह के बाद केवल पति के घर में। यदि छः महीने के भीतर गर्भ स्राव हो जाए तो गर्भ के मास के समान दिनों में ही शुद्धि होती है। गर्भ के पतन होने पर शुद्धि तुरंत हो जाती है। कलियुग में यह नियम है कि सभी वर्णों में वृद्धि सूतक और मृतक सूतक की शुद्धि दस दिन में होती है। मृतक सूतक में देवता की पूजा अभिनंदन नहीं करना चाहिए। संध्या दान, तप पितरों का तर्पण, ये सब मृतक सूतक में नहीं करने चाहिए और जो लोग करते हैं उनके पूर्व कर्ज नष्ट हो जाते हैं। इसके साथ मंत्र से पवित्र व्यक्ति को अग्निहोत्री और पति को ब्रह्म में निष्ठा रखने

वाले गृहस्थ और राजा को तथा वृत्ति को सूतक नहीं लगता। मनु ने कहा है कि विवाह उत्सव और हवन में मृतक सूतक होने पर पहले से बना हुआ अन्न खाना चाहिए लेकिन यदि अनजाने में कोई दोष हो जाता है तो दोष का भाग नहीं लगा। मृतक सूतक में दान देने वाला दोषी होता है और लेने वाला भी दोषी होता है। इसलिए सूतक की शुद्धि के लिए पिता का संपीडन करना चाहिए जिससे वह पितर लोक जा सकता है।

हे गरुड़, मैंने धर्म शास्त्र के अनुसार चारों वर्णों के लिए बारहवें दिन के संपीडन की व्यवस्था की है किंतु कलियुग में धर्म की हानि से पुरुष की आयु कम हो जाती है। इसलिए बारहवें दिन संपीडन करना ही उचित है। किसी के मरने पर गृहस्थ लोगों के यहां यज्ञोपवीत व्रत उत्सव नहीं होते। याचक को चाहिए कि वह तब तक भिक्षा न ले जब तक संपीडन नहीं हो जाता है। मनुष्य कर्म के लोक में विघ्नों का भागी बनता है। इसलिए संपीडन करना चाहिए।

मनुष्य को चाहिए कि मृतक स्थान को गोबर से लीपकर विधानपूर्वक संपीडन करे और फिर उसके बाद आचमन आदि करके विश्व देवों का पूजन करे। फिर रुद्र, सूर्य और इन्द्र तथा पितामह को क्रम से पिंडदान करे और चौथा पिंड मृतक को दे। सुगंधित वस्तुओं, भोजन, पान, इलायची आदि से पिंड पूजन करे इसके बाद सोने की शलाका से पिंड के तीन भाग करके पितामह आदि के पिंड से मिला ले। यदि पिता के मरने पर पितामह जीवित है तो उसे पहले प्रपितामह को तीन पिंड दें। उसी कम से इनमें मिलाकर पिंडों का दान करें। माता के पहले मर जाने पर यदि दादी विद्यमान हो तो माता के श्राद्ध में पिता के पिंड की इस प्रकार योजना करें कि प्रपितामह को तीन पिंड देकर उसके साथ माता के पिंड के तीन: भाग करके उसमें मिलाकर माता-पिता के पितामह रूप में उसको पितामह योग में और लक्ष्मी को पितामह के रूप में समझकर माता के पिंड को मिलाए और इसी रूप में पुत्र रहित स्त्री का संपीडन पुरुष पति करे। स्त्री का संपिडीकरण पति आदि के साथ करना चाहिए।

हे गरुड़! जो स्त्री-पुरुष एक ही चिता पर बढ़कर जले हों तो ससुर आदि के बीच में तिनका रखकर उस सती का संपीडन करना चाहिए। पुत्र को चाहिए कि वह पहले पिता को सती का पिंड दान करे। उसके बाद में मान करे। यदि सती पति की मृत्यु के दस दिन के भीतर अग्नि में प्रवेश करती है तो उसके पति के साथ ही शैया दान और पिंड दान करना उचित है। इसके बाद अतिथि को भोजन खिलाकर पितर, मुनि, देवता और दानवों को तृप्त करके मनुष्य परम पद प्राप्त करे। एक ग्रास के बराबर भिक्षा होती है और चार पुष्कल होता है और चार पुष्कल का एक हंतकार होता है। सपिंडी योग में अक्षत चंदन से ब्राह्मण के चरणों की पूजा करनी चाहिए और दान देना चाहिए। अपने आचार्य को वर्ष भर के लिए अन्न, सोना, चांदी देना चाहिए और इसके

बाद मंगल कुमकुम से नव ग्रहों को, देवी और विनायक को पूजना चाहिए। इसके बाद आचार्य मंत्र युक्त अभिषेक करें और हाथ में सूत बांधकर पवित्र अक्षत का दान करे। फिर बारह ब्राह्मणों को भोजन खिलाए और दक्षिणा दे। फिर इसके बाद अपने-अपने आजीविका क्रम को स्पर्श करे। ब्राह्मण जल को, क्षत्रिय शस्त्र को, वैश्य प्रतोद को और शूद्र दंड को छुए। तब पूरी शुद्धि होती है।

मनुष्य को चाहिए कि वह संपीडन क्रिया करके क्रिया में प्रयुक्त वस्त्रों का त्याग करे और सफेद कपड़े पहनकर शैया दान करे। शैया दान अवश्य करना चाहिए। शैया लकड़ी की बनी हुई हो और चित्रों से सुसज्जित हो। रेशम से बनी हो, सफेद रुई से ढकी हो, सुगंधित हो, तब उसे भूमि में स्थापित किया जाए और छाता आदि लगाकर जो वस्तु शैया के लिए आवश्यक हो उसकी स्थापना करके उस शैया पर लक्ष्मी सहित विष्णु की मूर्ति स्थापित करनी चाहिए। इसके बाद सुहागवती स्त्री हो तो सुहाग की सभी वस्तुओं को रखे और फिर गंध फूल से आभूषित करके शैया के ऊपरी भाग में लक्ष्मीनारायण को बिठाए। फूलों से लदी शैया पर लक्ष्मीनारायण को बिठाकर उनकी पूजा के बाद गणेशजी की मूर्ति को स्थापित करके और फिर इसका पूजन करें। इसके बाद उत्तर की ओर मुंह करके अपनी अंजुलि में फूलों को लेकर ब्राह्मण को सामने खड़ा करके मंत्र का उच्चारण करे और कहे कि हे भगवान! क्षीर सागर में तुम्हारी शैया के समान ही हमें शैया प्राप्त हो और इस प्रकार प्रार्थना करके फूलों को ब्राह्मण पर और लक्ष्मीनारायण की प्रतिमा पर छोड़े और संकल्प सहित शैया को ब्राह्मण को दान कर दे और फिर कहे कि हे ब्राह्मण! आपको कोई क्या दे सकता है। फिर भी आप इसे ग्रहण कीजिए। उसके बाद शैया पर प्रतिष्ठित मूर्तियों को हिलाकर उनकी प्रदक्षिणा करे और फिर विसर्जन करे फिर शैया का दान करे।

प्रस्तुत शैया को एक ही ब्राह्मण को दिया जाना चाहिए। अनेक को शैया देने वाला या उसे बेचने वाला नरक में पड़ता है और योग्य ब्राह्मण को शैया दान करने वाला पुण्य को प्राप्त करता है। दान करने वाले के पिता-माता के भी लोक-परलोक सुधर जाते हैं। इस दान से परम लाभ प्राप्त होता है। मनुष्य इंद्र भवन में सुखपूर्वक रहता है। वह अप्सराओं के सहित महाप्रलय तक आनंदपूर्वक निवास करता है। ऐसी शैया दान करने से तीर्थ और पर्वों के दान का पुण्य प्राप्त होता है। इसके बाद में हे गरुड़ मैं तुम्हें पद-दान के विषय में बताता हूं। पद-दान की विधि इस प्रकार है-पद-दान में वस्त्र, छाता, जूता, अंगूठी, कमंडल, पंच पात्र दिए जाते हैं। इन वस्तुओं के साथ तांबे का पात्र दंड, भोजन और यज्ञोपवीत भी दिया जाता है। इस तरह मनुष्य को चाहिए कि वह बारहवें दिन अपनी शक्ति के अनुरूप तेरह ब्राह्मणों को तेरह पद दान करे। इस दान से पुरुष सद्गति प्राप्त करता है।

जैसा कि मैंने पहले बताया है यम का मार्ग बहुत गर्म होता है। इसलिए छाया के लिए छाते का दान किया जाता है कि मस्तक पर सुंदर छाया बनी रहे जूते का दान करने से यम मार्ग में जाने के लिए घोड़े की प्राप्ति हो जाती है। वस्त्र दान से गर्मी सर्दी और हवा चलने से मिलने वाले दुख नष्ट होते हैं। यमदूतों का रंग काला-पीला होता है। वे रास्ते में अंगूठी दान करने वाले को तंग नहीं करते। यम का मार्ग जलरहित होता है। लेकिन जो व्यक्ति कमंडल का दान करता है उसे मार्ग में प्यास लगने पर जल मिल जाता है। जो व्यक्ति तांबे का जलपात्र दान करता है उसे अनेक प्याउओं के लगाने का फल मिलता है। आसन और भोजन देने की व्यवस्था इसलिए की गई है कि प्राणी यम मार्ग में धीरे- धीरे जाए और सुखपूर्वक आराम करता हुआ और खाता हुआ जाए। इस प्रकार संपीडन के दिन मनुष्य विधिपूर्वक भोजन दे। वह चांडाल आदि को भोजन कराए।

संपीडन के बाद वर्ष के भीतर ही भीतर प्रत्येक मास में कुंभ दान करना चाहिए और प्रेत की क्षय तृप्ति के लिए उसे चाहिए कि वह बार-बार कुंभ दान करे।

मनुष्य को ऐसा सोचना चाहिए कि मासिक और वार्षिक विशेष तिथियों पर विशेष रूप से श्राद्ध करूंगा। पूर्णमासी को मरने वाले की श्राद्ध तिथि पाक्षिक रूप से चतुर्थी होती है और चतुर्थी वाले की नवमी, नवमी वाले की चतुर्दशी होती है। इस प्रकार तय करके बीसवें दिन पाक्षिक श्राद्ध करना चाहिए। यदि एक महीने में दो संक्रांति हों तब दोनों महीनों का श्राद्ध मूल महीने में करना चाहिए और यदि एक महीने में दो महीने हो जाएं तो तीस तिथियां और पूर्ण पक्ष की ही मान्यता होती है। यदि तिथि के पहले आधे भाग में मृत्यु हुई हो तो सारा पूर्व का भाग और यदि आधे भाग में हुई हो तो उसे आगे के महीने का भाग गिनना चाहिए। इस प्रकार पंडितों को मल मास में विचार करना चाहिए क्योंकि मल मास में ही संपीडीकरण उचित होता है। वर्ष के बीच में यदि महीना अधिक हो तो तेरहवें महीने में वार्षिक क्रिया करनी चाहिए। संक्रांति युक्त महीने में पिंडदान करना चाहिए। इस तरह संवत्सर के पूर्ण होने तक मनुष्य को चाहिए कि वह वार्षिक श्राद्ध करता रहे। संवत्सर के बाद प्रत्येक श्राद्ध में तीन पिंडों का दान करना चाहिए। वार्षिक श्राद्ध के बिना तीर्थ-यात्रा, पितृ संबंधी कार्य नहीं करना चाहिए।

श्राद्ध के अवसर पर तुलसी की मंजरियों से विष्णु की खड़ाऊं का पूजन करना चाहिए और फिर गया के तीर्थ में पिंड दान करना चाहिए। गाय के सिर पर शमी के पत्ते से पूज कर जो पिंड दिया जाता है उससे सात गोत्र और एक सौ एक कुल का उद्धार हो जाता है। इस तरह गया में जाकर पिंड दान करने से पिता संतुष्ट होते हैं और ऐसे पुत्रों का जन्म लेना पूरी तरह सफल होता है।

हे गरुड़! हिमालय के पास वर्तमान कलाप नामक एक बाग है। उसमें पितरों के द्वारा एक कथा सुनाई गई है। यह कथा मनु के पुत्र इक्ष्वाकु की कथा है। उसमें कहा गया है कि जो गया जाकर आदर से पिंडदान करेंगे वे सन्मार्ग-शील होंगे। इस प्रकार हे गरुड़, जो पुत्र यह क्रिया करता है वह पाप मुक्त हो जाता है। ऐसी क्रिया करने से भारद्वाज के सात पुत्र अपने जन्म की परंपरा को भोगकर गऊ का वध करने के बाद भी पितरों के प्रताप से पाप मुक्त हो गए। इसके अतिरिक्त दशार्ण देश में सात व्याध और कालांतर पर्वत में मृग सर द्वीप में चक्रवाक और मानसरोवर में हंस अपने पितरों के प्रताप से पाप मुक्त हो गए। इस प्रकार पुत्र को पितृ भक्त होना चाहिए, पिता की भक्ति से परलोक और इस लोक में सुख मिलता है। इसलिए मैंने तुम्हें पुत्र को मुक्ति देने वाली और पवित्र कर देने वाली इस क्रिया और भाव को बताया। अब तुम्हें और जो पूछना हो वह पूछ लो।

■■

द्वादश अध्याय

गरुड़जी ने भगवान नारायण से पूछा कि हे प्रभु मुझे यमलोक के विस्तार के विषय में बताइए, वह कितना बड़ा है और किस प्रकार की सभाएं होती हैं और उस सभा में धर्म किसके पक्ष में होता है। आप यह भी बताएं कि किन-किन धर्मों के मार्गों पर चलकर मनुष्य धर्म मंदिर में जाते हैं। भगवान नारायण ने कहा कि यह प्रश्न बहुत उत्तम है और नारद आदि ऋषियों के द्वारा भी जानने योग्य है। यह धर्म नगर बहुत पुण्यों में मिलता है : यमपुरी और राक्षसपुरी के मध्य में यमराज का नगर बहुत कठोर रूप से निर्मित है और इस नगर को देवता या राक्षस कोई भी नहीं तोड़ सकते। इसका निर्माण ही इस प्रकार हुआ है। इस नगर का स्वरूप चौकोर है और चारों तरफ चार हजार कोस तक दीवार बनी हुई है। इस नगर में ही चित्रगुप्त का मंदिर है और इस मंदिर की लंबाई-चौड़ाई 25 योजन है। यह मंदिर 10 योजन ऊंचे सुंदर लोहे के चहारदीवारी से घिरा हुआ है इसमें सैकड़ों पताकाएं फहराती हैं। यहां पर गीत गाए जाते हैं और संगीत की धुन मन को प्रसन्न करती रहती है। सुंदर चित्रकारी के द्वारा बनाए गए चित्र हैं। बड़े-बड़े देवशिल्पियों ने इन चित्रों का निर्माण किया है।

चित्रगुप्त के मंदिर में अनेक पक्षी रहते हैं। गंधर्व और अप्सराएं इधर-उधर घूमते रहते हैं। यहां पर चित्रगुप्त एक सुंदर आसन पर बैठकर मनुष्यों की मूल आयु की गणना करते हैं। वह मनुष्य द्वारा किए गए पाप और पुण्यों का लेखा-जोखा रखते हैं। चित्रगुप्त की आज्ञा से प्राणी के कर्म और विकर्म का निर्णय होता है। चित्रगुप्त के घर से पूर्व दिशा में एक भारी ज्वर का भवन है। दक्षिण में शूल और विस्फोटक का घर है और पश्चिम में काल पाश, अरुचि और अजीर्ण का भवन है। उत्तर में पांडु रोग और राज रोग का घर है। ईशान की दिशा में किशोरावस्था और अग्नि कोण में मूर्च्छा रहती है तो अनेक प्रकार के रोगों का आश्रय-स्थल बना हुआ यह भवन मनुष्य के कर्त्तव्य और अकर्तव्य का कुंजी रूप है।

चित्रगुप्त के घर के आगे 20 योजन दूर धर्मराज का रत्नमय मंदिर है। रत्नों से जुड़ा हुआ यह मंदिर सूर्य की तरह चमकता है और यह 200 योजन में बसा हुआ है। इसकी ऊंचाई 50 योजन है और अनेक प्रकार के खंभे इसका आधार बने हुए हैं।' यह मंदिर शरद्काल के बादल के समान

रंगमय और सोने के कलशों से युक्त है। इसमें मणियों की सीढ़ियां बनी हुई हैं और हीरों की पच्चीकारी बहुत सुशोभित करती है। इसकी खिड़कियों में मोतियों की झालरें लटकी हुई हैं। यहां पर घंटे और नगाड़ों की ध्वनियां निरंतर आती रहती हैं। अनेक प्रकार के वृक्ष, बेल चारों तरफ सुशोभित हैं। विश्वकर्मा ने अपने योग के प्रभाव से इस मंदिर का निर्माण किया है। अब मैं दिव्य सभा का वर्णन करता हूं।

इस मंदिर में सौ योजन विस्तार की दिव्य सभा है। यह सूर्य के प्रकाश के समान चमकती है और बहुत सुंदर लगती है। यह गर्मी और सर्दी के अतिवाद से रहित है। न अधिक गर्मी न अधिक सर्दी। इसमें न शोक है, न बुढ़ापा, प्यास और भूख भी नहीं यहां पर सभी प्रकार के मानवीय और स्वर्गीय कर्म होते रहते हैं। अनेक प्रकार के भोज्य पदार्थ और रस मिलते हैं। यहां पर ठंडा और गर्म जल प्रवाहित होता रहता है। संपूर्ण कामना को पूरा करने वाले वृक्ष भी यहां पर हैं। हे गरुड़ यह सभा बहुत सुंदर और बाधाओं से रहित है। विश्वकर्मा ने असीम समय तक वहां तपस्या करके इस सभा का निर्माण किया है। यहां पर सत्य बोलने वाले शांत स्वभाव के संन्यासी सिद्ध पुरुष और तप करने वाले लोग ही जा सकते हैं। जिनका शरीर तेजोमय और अलंकार से युक्त है जिनके वस्त्र निर्मल हैं और जिनकी स्वच्छता उनके पुण्य कर्मों से आभासित है वे इस सभा में स्थिर रहते हैं। यहां पर भगवान अनुपमेय धर्म 10 योजन विस्तृत सुंदर आसन पर बैठते हैं। वे कर्ण कुंडल से सुशोभित है और अन्य अलंकारों को भी उन्होंने धारण किया हुआ है। अप्सराएं चंवर लेकर उनके सिर पर डुलाया करती हैं। गंधर्व और अप्सराओं का समूह अपने गीत-वादन से उनकी सेवा करते हैं। ये भगवान पाश को धारण किए हुए मृत्यु से और काल से तथा चित्रगुप्त यमराज से सेवित होते हैं। अर्थात् उनकी सेवा ये सब लोग करते हैं। इनके चारों ओर आज्ञा का पालन करने वाले वीर योद्धा विद्यमान रहते हैं।

हे गरुड़! धर्मराज की उपासना करने के लिए सोमपा, ऊष्मपा, स्वधावंत, अमूर्तिमान, मूर्तिमान, बर्हिषद, तर्यमा, पितृगणों और मूर्तिमान मुनियों की निरंतरता रहती है अर्थात् ये सब इनकी उपासना करते हैं। और जितने भी ऋषि हैं- मुख्य रूप से अत्रि, वसिष्ठ, अंगिरा, दक्ष, पुलह, आस्म, नारद, परशुराम आदि धर्मराज के सभासद के रूप के विराजमान रहते हैं तथा अन्य अनेक पितृराज के सभासद के रूप में धर्मराज के यहां विराजमान होते हैं। उनकी संख्या बहुत अधिक है। ये सभी लोग धर्मराज की सेवा करते हैं क्योंकि इनका विधान परमेश्वर की आज्ञा से निश्चित हुआ है और धर्मशास्त्र के अंतर्गत आता है।

धर्म को जीतने वाले सूर्य और चन्द्रमा के वंशी अनेक राजा लोग धर्मराज की सेवा करते हैं। इसके अतिरिक्त मुचुकुंद, निमि, अंबरीष, भगीरथ, सगर, मांधाता, मनु, दिलीप, पृथु, ययाति, नल, शिवि, पुरु, महुष, पांडु, सहस्रार्जुन आदि सभी लोग अश्वमेद्य यज्ञ के कारण धर्म के सभासदों में माने जाते हैं। इन लोगों ने धर्मराज की सभा में बैठने का अधिकार प्राप्त किया है। यहां सारे कार्य धर्मपूर्वक होते हैं और किसी के प्रति कोई पक्षपात नहीं होता। यहां न धोखा होता है और न असत्य बोला जाता है। यहां सभा में बैठने वाले शास्त्र को जानने वाले लोग होते हैं। वे धर्म में परायण होते हैं। वे हमेशा धर्मराज की उपासना करते हैं।

यह महाराज धर्मराज की सभा ऐसी है कि जिससे दक्षिण मार्ग से होकर काफी लोग जाते हैं किंतु सभा को नहीं देख सकते हैं। धर्मराज के नगर में जाने के चार मार्ग हैं। दक्षिण मार्ग के अतिरिक्त एक मार्ग पूर्व में है और उस मार्ग में सब प्रकार के भाग उपलब्ध हैं। वहां पारिजात वृक्ष की छाया है और यह मार्ग अनेक विमानों से भरा हुआ है। इसमें हंसों की पंक्तियां और फूलों के बाग विद्यमान हैं। और यहां के तालाब अमृत रूपी जल से भरे हुए हैं। इस मार्ग के द्वार से होकर बड़े-बड़े सर्प विद्याधर, गंधर्व, अप्सराएं और राजर्षि तथा देवता लोग आते हैं। जो लोग देवताओं की पूजा करते हैं शिव भक्त हैं गर्मी में जल का दान करते हैं, और माघ के मास में लकड़ी देते हैं, दीन-दुखियों की मदद करते हैं, सत्य धर्म का पालन करते हैं, क्रोध और लोभ से रहित हैं, गुरु के सेवक और माता-पिता के भक्त हैं, जो लोग गऊ और भूमि का दान करते हैं, पुराणों को सुनते हैं तथा अन्य प्रकार के पुण्य कर्म करते हैं वे इसी मार्ग से धर्मपुरी जाते हैं और उन्हें कोई कष्ट नहीं होता। वे सब पुण्यात्मा होते हैं और भगवान की उपासना करते हैं। शुद्ध बुद्धि स्वरूप होकर वे धर्म सभा में प्रवेश करते हैं।

दूसरा मार्ग उत्तर का मार्ग है। इसमें अनेक रथ, पालकी जो चंदन से विभूषित होते हैं-विद्यमान रहते हैं। वह रास्ता हंस और सारसों से भरा हुआ है। इसमें चकवा-चकवी रहते हैं और इस मार्ग का सरोवर अमृत के समान जल से भरा हुआ है। इसके साथ ही इस मार्ग में द्वार पर ही अतिथि-की पूजा करने वाले, वेद पढ़ने वाले, सूर्य और दुर्गा के भक्त तथा शिव भक्त और तीर्थों में स्नान करने वाले आते हैं। धर्म युग में मारे गए लोग, तीर्थ जल से प्राण देने वाले लोग, योग के अभ्यास से मरने वाले लोग और ब्राह्मण तथा अपने स्वामी का कार्य करते हुए मरने वाले सभी इस उत्तर द्वार से प्रवेश करके धर्म सभा में आते हैं। इनके साथ महादान करने वाले भी इसी मार्ग से प्रवेश करते हैं।

तीसरा मार्ग पश्चिम मार्ग है। यह मार्ग भी मणियों और रत्नों से सुशोभित है। अमृत-जल से भरी हुई अनेक बावड़ियां इस मार्ग में विद्यमान हैं। यह मार्ग ऐरावत के कुल में उत्पन्न हाथियों से घिरा हुआ है और उच्चै श्रवा घोड़े से उत्पन्न सुंदर-सुंदर घोड़ों से युक्त है। जो लोग शास्त्र की दृष्टि से उत्तम विचार वाले हैं, गायत्री का जाप करते हैं, और भगवान विष्णु की पूजा करते हैं तथा जो आत्मज्ञान से युक्त हैं वे इस मार्ग से धर्मराज की सभा में पहुंचते हैं। इसके अतिरिक्त जो लोग अपनी ही भार्या से संतुष्ट रहते हैं, यज्ञ और हिंसा नहीं करते, किसी का मन नहीं दुखाते, किसी का धन नहीं लेते, वेद को पढ़ने-पढ़ाते हैं, वे भी इस मार्ग से धर्मराज की सभा में जाते हैं। हे गरुड़! जो लोग ज्ञान और वैराग्य से संपन्न हैं और प्राणी-मात्र के हितचिंतक हैं और जो अपने कर्म को ब्रह्म के प्रति समर्पित करके निष्काम भाव से कर्म करते हैं और जो सारे ऋणों से मुक्त हो जाते हैं विशेष रूप से देव ऋषि और पितृ ऋणों से मुक्त हो जाते हैं तथा निरंतर पंच यज्ञ में लगे रहते हैं और जो मनुष्य उचित समय में उचित रीति से अपने पितरों का श्राद्ध करते हैं तथा सत्य का अनुष्ठान करते हैं और संध्या-उपासना करते हैं, निम्न व्यक्तियों की संगति में नहीं रहते, जो हमेशा सज्जनों की संगति करते हैं, वे भी इसी पश्चिम मार्ग से अमृत पान करते हुए धर्म मंदिर में प्रवेश करते हैं।

ऐसे लोग जब पर मंदिर में आते हैं यमराज उनका स्वागत करते हैं और उनके सामने जाकर उन्हें यथास्थान प्रतिष्ठित करते हैं। ऐसे समय में यमराज शंख, चक्र, गदा और खड्ग को धारण करके चार भुजा वाले होकर उन जीवों को बहुत स्नेह करते हैं और मित्रता के समान आचरण करते हैं। वे उन्हें स्नेह देते हैं। स्नेह के फलस्वरूप चंदन आदि से पूजा करके नमस्कार करते हुए उन्हें सिंहासन देते हैं और फिर अपने अन्य साथियों से कहते हैं कि इन सब की सेवा करते हुए सम्मान कीजिए इनका आदर कीजिए। ये यमराज के मंदिर को भेद कर ब्रह्मलोक चले जाएंगे। इन लोगों ने पुण्यों को एकत्रित करके देवत्व को प्राप्त कर लिया है।

जो मनुष्य दुर्बल शरीर वाले होते हैं और निरंतर साधना नहीं करते वे नरक में जाते हैं। उनके समान मूर्ख और कोई नहीं होता है। बुद्धिमान मनुष्य वही है जो अस्थिर शरीर के द्वारा चलायमान धन को छोड़कर स्थिर धर्म को संचित कर लेता है। इसलिए यत्नपूर्वक मनुष्य को चाहिए कि वह धर्म का संग्रह करे क्योंकि धर्म के संग्रह से ही वह स्वर्ग जाता है।

यमराज को चाहिए कि वह इस प्रकार के वचनों से सब लोगों को संबोधित करें। फिर कुछ लोग विमानों पर चढ़कर परमपद प्राप्त कर लेते हैं और कुछ वहां धर्म सभा में कल्पांत तक निवास करते हैं।

■■

त्रयोदश अध्याय

यमपुरी का वर्णन जानने के बाद गरुड़जी ने भगवान नारायण से कहा कि हे भगवन्! आप मुझे यह बताइए कि धर्मात्मा पुरुष स्वर्ग को भोग कर फिर निर्मल कुल में उत्पन्न होते हैं। उन्हें किस प्रकार माता के गर्भ की स्थिति में विचार आते हैं?

यह सुनकर भगवान नारायण ने कहा कि यह प्रश्न ऐसा है कि उसके उत्तर में सब कुछ जानने की भावना आ जाती है। मैं तुम्हें शरीर के पारमार्थिक रूप के विषय में बताता हूं। यह स्वरूप योगियों के द्वारा धारण किया जाता है।

योगी षटचक्र का चिंतन करते हैं और ब्रह्म रथ में चिदांनद रूप का ध्यान करते हुए परम ध्वनि को सुनते हैं। यह भी जानने योग्य है। सत्कर्म वाले लोग शुद्ध और अच्छे घर में जन्म लेते हैं। उनके माता-पिता का एक निश्चित रूप होता है। वे नियमानुसार भाव कर्म करते हैं।

मनुष्य को चाहिए वह ऋतुकाल में तो चार दिन तक नारी का स्पर्श न करे क्योंकि इस अवस्था में शरीर-दोष रहता है। चौथे दिन वस्त्र सहित स्नान करने के बाद नारी शुद्ध हो जाती है। इसके बाद सात दिन के उपरांत वह इस योग्य होती है कि देवताओं की पूजा कर सके और व्रत आदि रख सके। इस तरह सातवें दिन के भीतर किसी भी प्रकार का गर्भाधान नहीं होना चाहिए। आठवें दिन गर्भाधान से पुत्र ही उत्पन्न होते हैं। सम रात्रि और दिन में पुत्र उत्पन्न होने का विधान बताया गया है और विषम रात्रियों में लड़की पैदा होती है। सामान्य रूप से ऋतुकाल के पहले सात दिन त्याग देने चाहिए। इस काल के प्रारंभ से सामान्य रीति का ऋतुकाल 16 रात्रियों तक चलता है। चौदहवीं रात्रि का प्रसंग निश्चित रूप से गर्भ की स्थिति में परिवर्तित होता है और धर्मात्मा तथा गुणवान पुत्र की उत्पत्ति होती है। इस प्रकार सामान्य प्रकृत रात्रि साधारण जीवों को नहीं मिलती। स्त्री को चाहिए कि वह पांचवें दिन मधुर भोजन करे और तीखा तथा खारे भोजन से दूर रहे। क्योंकि स्त्री का क्षेत्र एक तरह से औषधियों का पात्र है और बीज अमृत के समान होता है। अच्छा बीज क्षेत्र से अच्छे फल की प्राप्ति होती है। इसका विधान बहुत उत्तम है। चंदन तथा फूल धारण करके शुद्ध वस्त्रों को पहने हुए उत्तम शैया पर सोए। क्योंकि प्रसंग के समय जैसी चित्त की स्थिति होती है, वह जिस प्रकार से प्रसन्न और खिन्न होता है, संतति पर उसी प्रकार का असर पड़ता है। इसीलिए जो चैतन्य बीज स्वरूप में स्थित रहता है वह स्वस्थ भाव से प्रभावशाली होता है। काम, चित्त और शुक्र तन्मय हो जाते हैं और तब स्वाभाविक भाव से शुक्र और रुधिर के संयोग से पिंड की उत्पत्ति होती है। गर्भ में शक्रति पुत्र अधिक आनंद देने

वाला होता है। ऐसा पुण्यात्मा ऊंचे ग्रहों की स्थिति में जन्म लेता है और उसके जन्म के समय ब्राह्मण बहुत अधिक धन प्राप्त करते हैं। वह पुत्र विद्या और धन से संपन्न होकर अपने पिता के घर में बढ़ता रहता है और इस प्रकार से शास्त्रों का ज्ञान भी प्राप्त करता रहता है। ऐसा पुत्र पूर्व जन्म में किए गए अपने कर्म से सज्जनों की संगति करता है और निरंतर सत्कर्म की ओर बढ़ता रहता है।

जो मनुष्य पूर्व जन्म में तीर्थयात्रा और तप का महापुण्य प्राप्त करता है वह उसके फलस्वरूप अपनी युवा अवस्था में दिव्य स्त्री को प्राप्त करता है। वह सदा अनात्मा और आत्मा के संबंध के विषय में विचार करता है। ऐसा पुण्यवान पुरुष हमेशा ब्रह्म के विषय में सोचता रहता है। इसके बाद इस पुरुष के ब्रह्मसंग रहित किए गए भूमि आदि आत्म वर्ग पंच भूतों के गुणों के विषय में बताते हुए भगवान नारायण ने गरुड़जी से कहा कि पृथ्वी, जल, अग्नि, वायु और आकाश ये पांच स्थूल तत्त्व हैं और यह पिंड इन पंच भूतों से ही बना है। हे पक्षीराज गरुड़! हड्डी, त्वचा, नाड़ी, रोम और मांस ये पांच गुण भूमि के द्वारा प्राप्त होते हैं और जल से लार, मूत्र, वीर्य, मज्जा और रक्त बनते हैं। तेज का आना पृथक गुण होता है; भूख, प्यास, आलस्य, नींद और आभा ये तेज के गुण से पैदा होते हैं। वायु के द्वारा दौड़ना, खेलना, तरह-तरह की चेष्टाएं करना, कूदना-फांदना जन्म लेते हैं और आकाश के द्वारा मोह, संदेह, चिंता, शब्द आदि उत्पन्न होते हैं। मन, बुद्धि, अहंकार और चित्त- ये अंतःकरण के चार नाम हैं और इन सबकी स्थिति पहले जन्म के कर्म के अनुसार होती है। इसके साथ कान, त्वचा, आँख, नाक और जीभ ये ज्ञानेंद्रियां हैं। वाक्, हाथ, गुदा, पैर, लिंग ये कर्मेंद्रियां हैं। वायु, दिशाएं, सूर्य, प्रचेता, इंद्र, मित्र ज्ञानेंद्रियों के देवता होते हैं। इड़ा, पिंगला और तीसरी सुषुन्ना, गांधारी, गजजिहवा, पूर्स, यशस्विनी, अलंबुषा तथा दसवीं शंखिनी ये प्रधान् दस नाड़ियां शरीर में स्थित प्राण, अपान, समान, उदान, ध्यान, नाम, कूर्म, कृकल, देवदत्त, और धनंजय ये 10 वायु हैं। हृदय में प्राण, गुदा में अपान, नाभिमंडल में समान, कंठदेश में उदान और सब शरीर में व्यान स्थित है। डकार को नाग कहते हैं और उन्मीलन में कूर्म वायु कहा गया है। कृकल वायु को क्षुधाकारक जानना चाहिए और विजृंभण में देवदत्त नामक वायु जानिए। सर्वव्यापी धनंजय वायु है। वह मृतक को भी नहीं छोड़ता है। ग्रासों द्वारा खाया हुआ अन्न सब शरीरधारियों को पुष्टि देने वाला है। व्यान वायु अन्न के रस को सब नाड़ियों में पहुंचा देता है। भोजन किया हुआ आहार वायु द्वारा दो भागों में बंट जाता है। गुदा में प्रवेश कर अपच अन्न और जल को पृथक-पृथक कर देता है , अग्नि के ऊपर जल करके और अन्न को जल के ऊपर करके और प्राण स्वयं अग्नि के नीचे स्थिर होकर धीरे- धीरे धौंकता है।

वायु से धौंकी हुई शरीर की अग्नि रस को और मल को अलग- अलग कर देती है। व्यान वायु शरीर में सब ओर रस पहुंचाता है बारहों द्वार से अलग किए हुए मल को बाहर निकालता है। कान, आँख, नाक, जीभ, दांत, नाभि, नख, गुदा, लिंग, शिरा, वायु और लोम इनको गल

स्थान कहते हैं। इस प्रकार सब वायु अपने- अपने कर्म में प्रवृत्त रहते हैं जैसे मनुष्य लोग सूर्य के प्रकाश को पाकर अपनी सत्ता जानते हैं (सूर्य के उदय होने पर अपने काम में लग जाते हैं) हे खगेह! नरदेह के दो रूप हैं एक व्यावहारिक और दूसरा पारमार्थिक।

व्यावहारिक शरीर में साढ़े तीन करोड़ रोम हैं, सात लाख केश हैं और बीस नख कहे गए हैं। हे गरुड़ सामान्यतः बत्तीस दांत कहे गए हैं। हजार पल मांस है और सौ पल रक्त है। मेदा दस पल है, सत्तर पल त्वचा है, बारह पल मज्जा है, तीन पल महारक्त है। शुक्र दो पाव है शोणित एक पाव कहा गया है। देह में तीन सौ साठ स्थूल हड्डियां हैं। तथा नाड़ियां शरीर में करोड़ों कही गई हैं। पचास पल पित्त है और उसका आधा (पचीस पल) कफ है। सदा उत्पन्न होने वाली विष्ठा और मूत्र का कोई नियमित परिमाण नहीं है। इन गुणों और सामग्रियों से युक्त व्यावहारिक शरीर है।

सब भुवन, पर्वत, द्वीप, सागर, आदित्य आदि ग्रह पारमार्थिक शरीर में हैं। पारमार्थिक देह में छः चक्र निश्चय होते हैं। जो गुण ब्रह्मांड में कहे हैं वे सब इसमें विद्यमान हैं। ये सब गुण योगियों के अवधान और उपाधि में आते हैं, उनको मैं तुमसे कहता हूं; जिनकी भावना करके जीव विराट रूप को प्राप्त होता है। मैं उस विराट रूप ही को कहता हूँ।

पैरों के नीचे तल जानिए और पैरों के ऊपर वितल है; और घुटने में सुतल जानो और सक्यिदेश (गुप्तेंद्रियों के जोड़ स्थान) में महातल जानो। सक्यि के मूल में तलातल और गुहा देश में रसातल जानो और कठि में पाताल जानो। ये सात लोक कहलाते हैं। नाभि में भूलोक, उसके ऊपर भुवर्लोक, और हृदय में स्वर्लोक जानो। कंठदेश में महर्लोक जानो, मुख में जनलोक, ललाट में तपोलोक और ब्रह्मरंध्र में सत्यलोक जानो। ये चौदह भुवन हैं। त्रिकोण में मेरु स्थित है, नीचे कोण में मंदराचल, और दक्षिण कोण में कैलास, और स्वाम (वायव्य) कोण में हिमाचल है। उसके ऊर्ध्व रेखा में ऊपर निषध पर्वत, दक्षिण रेखा में गंध-मादन, और वाम रेखा में रमणांचल। ये कुल सात पर्वत कहे जाते हैं। अस्थियों के स्थान में जंबुद्वीप और शाकद्वीप के स्थान पर मज्जा, कुश द्वीप के स्थान पर मांस और क्रौंच द्वीप पर शिराओं की स्थिति है। इसके साथ-साथ त्वचा में शाल्मली द्वीप रोम में नाखूनों में पुष्कर द्वीप की स्थिति जाननी चाहिए।

अब मैं तुम्हें सागरों के विषय में बताता हूं। वह विराट् पुरुष अपने मूत्र में सागर को स्थित रखता है। दूध में दूध का समुद्र माना जाता है और मज्जा में घी का समुद्र। रस का समुद्र रस में और दही का समुद्र खून जानना चाहिए। हे पक्षिराज गरुड़, गले के भीतर सारे स्वादिष्ट जल होते हैं। यह जो विराट पुरुष है इसके नाद चक्र में सूर्य की स्थिति मानी जाती है और इसके साथ

चंद्रमा बिंदु चक्र में स्थित है। मंगल नेत्र में विराजमान है, और बुध हृदय में। गुरु की स्थिति विष्णु-स्थान नाभि गोल में है और शुक्र में शुक्र की स्थिति है। इसके मुख में राहु स्थित है और वायु के स्थान पर केतु। इस तरह से यह संपूर्ण मानव शरीर अलग-अलग तत्त्वों से बना है। इस विराट् शरीर में एक ग्रह मंडल है यह समझकर ही उसका चिंतन करना चाहिए और मनुष्य को चाहिए कि वह प्रात:काल पद्मासन लगाकर षट चक्रों का चिंतन करे। ऐसा पुरुष पापों से छूट जाता है।

इसके उपरांत गरुड़जी ने पूछा कि हे प्रभु, आप मुझे अजपा का उत्तम कर्म भी बताइए। क्योंकि इससे जीव का जीव भाव छूट जाता है।

भगवान नारायण ने कहा कि मणिपूरक, स्वाधिष्ठान, अनाहत, विशुद्ध, मूलाधार और आज्ञा- ये षट चक्र कहे जाते हैं। मनुष्य को चाहिए कि वह मूलाधार को स्थित करके क्रमश : नाभि, हृदय, गले और भौहों के बीच शेष चक्र का चिंतन करे। ' व श ष स ' चार दल वाले अग्नि के समान मूलाधार चक्र होता है। ये विभिन चक्र होते हैं। और ये इस प्रकार हैं -

1. मूलाधार चक्र ‘व श ष स’ चार दल वाला।
2. स्वाधिष्ठान चक्र ‘ब भ म य र ल’ छ: पत्र वाला सूर्य के समान।
3. मणिपूरक चक्र रक्त आभा वाला ‘ड ढ ण त थ द ध न प फ’।
4. अनाहत चक्र ‘क से ठ’ तक 12 पत्रों वाला और
5. विशुद्ध चक्र चंद्रमा की ज्योति समान 16 प्रारंभिक वर्णों (स्वरों) वाला।
6. आज्ञा चक्र हंस दो अक्षरों से युक्त लाल कांति वाला।

इनके ऊपर एक हजार दल वाला कमल है जो आनंद और शिवमय है। यह कमल दल शाश्वत और ज्योति से परिपूर्ण है। मनुष्य को चाहिए कि वह इस साधना में ब्रह्मा, विष्णु, महेश और गुरु तथा गणेश का व्यापक रूप में चिंतन करे। पंडितों के द्वारा रात-दिन में श्वास की गति 216000 कही गई है। ज्ञानी लोग ‘हं सो हं स : मंत्र’ - जो जीव तत्त्व है। उसका जाप करते हैं। इनमें गणेश के लिए 3000, हरि के लिए 6000, और ब्रह्मा के लिए 6000, जीवात्मा के लिए 1000 और गुरु के लिए 1000 तथा चैतन्य आत्मा के लिए 1000 इस तरह जप की संख्या कही गई है। मुनीश्वर लोग चक्र में स्थित ब्रह्म और किरणों में देवताओं को चिंतन करते हैं।

मनुष्य को एकाग्रचित्त होकर परम धर्म का ध्यान करना चाहिए। इसके उपरांत गुरु के उपदेश के द्वारा मनुष्य को चाहिए कि वह गायत्री का जाप करे और सभी चक्रों की मानसिक पूजा करे। वह अपने गुरु का ध्यान करे क्योंकि गुरु के हाथों में अभयदान की शक्ति है। गुरु के चरणामृत से अपना शरीर धोए और पंच प्रकार से उसका स्तवन करे। फिर छः चक्रों में संचरित और साढ़े

तीन वलय वाली कुंडलनी को आरोह और अवरोह के क्रम से ध्यान में लाए। ब्रह्मरंध्र से बाहर गए हुए सुषुम्ना का ध्यान करें। क्योंकि इसी मार्ग में होकर गए हुए जीव को विष्णु परमपद के रूप में प्राप्त होते हैं। फिर प्रात:काल में परमब्रह्म का ध्यान करे और गुरु के उपदेश से अपने आपको स्थिर करे। और कहे कि हमेशा ही आपका चिंतन करता हूं। गुरु के उपदेश के बिना मनुष्य योग से भ्रष्ट हो सकता है। इस तरह अंतर योग की साधना करते हुए फिर बहिर्योग करे। जो पुरुष अपने देह के अधिमान में रहते हैं। वे ठीक प्रकार से योगिक क्रियाएं नहीं कर पाते। तप, योग आदि मोक्ष के मार्ग होने के बाद भी हे गरुड़! मोक्ष के लिए सर्वोत्तम विधान भक्ति का विधान है। योगी पुरुष भी भक्ति से ही सनातन मोक्ष को प्राप्त होते हैं।

■■

चतुर्दश अध्याय

गरुड़जी ने भगवान नारायण से पूछा कि जीवों का सांसारिक आवागमन सुनने के बाद सनातन मोक्ष के उपाय के विषय में बताइए। क्योंकि यह संसार दुखों से भरा हुआ है। जीवों में अनेक कष्ट उत्पन्न होते हैं, अनेक जीव उत्पन्न होते और मरते हैं और इसका कोई अंत नहीं होता। तो हे भगवन् आप मुझे यह बताने की कृपा करें कि सनातन मोक्ष किस प्रकार मिल सकता है? भगवान नारायण ने कहा कि तुम्हारे प्रश्न का उत्तर सुनने मात्र से मनुष्य संसार के कष्टों से छुटकारा पा लेता है। हे गरुड़! भगवान शिव परब्रह्मस्वरूप हैं, सर्वज्ञ और कर्ता हैं, सबके स्वामी हैं, और आदि अंत से रहित विकार रहित, अनिर्वचनीय तथा सचिदानंद स्वरूप हैं। और जीव उनका एक अंश मात्र हैं जिस तरह से रगड़ लगने से या चोट लगने से चिंगारी निकलती है उसी तरह से अनादि कर्म से अनादि विद्या के द्वारा संघर्ष होने पर देह से युक्त जीव की उत्पत्ति होती है। देह का धारण करने वाला जीव सुख- दुख से भरा होता है और अच्छे-बुरे कर्म करता है। और पूर्व जन्म के कारण ही जाति का बंधन आयु आदि निश्चित होती है। हे गरुड़ संपूर्ण जीव उत्कृष्ट तथा अनाशवान सूक्ष्म लिंग शरीर से जन्म लेते हैं। या फिर ये जीव उससे भी अधिक सूक्ष्म शरीर प्रत्येक जन्म में प्राप्त करते हैं।

अब मैं तुम्हें मोक्ष का कर्म बताता हूं। वह इस प्रकार है कि पहले स्थावर का जन्म होता है दूसरे जन्म में वह कीट आदि होता है; फिर वृक्ष आदि फिर पक्षी पशु और मनुष्य होता है। धर्म करने वाले मनुष्य ही योनि के बाद देवता की योनि मिलती है। देवता जीव मोक्ष करने वाले होते हैं। जीव चार प्रकार का होता है-पिंडज, उद्भिज. स्वेदज और अंडज। और यह हजारों बार शरीर धारण करता है और शरीर छोड़ता है, तथा अंतिम शरीर मनुष्य के रूप में प्राप्त करता है। इस तरह से ज्ञानी मनुष्य को मोक्ष प्राप्त हो जाता है। देहधारी यद्यपि 95 लाख योनियों में शरीर क्रम से जीते हैं किंतु वास्तविक तत्त्व ज्ञान मनुष्य के शरीर में ही मिलता है। तत्त्व ज्ञान के बिना मुक्ति संभव नहीं है। इससे यह निश्चय होता है कि हजारों जन्म में हजारों जीवों में पुण्य के संचय से मनुष्य का शरीर मिलता है। और इस शरीर के बाद भी मोक्ष की सीढ़ी खुल जाती है।

जो मनुष्य इस शरीर को पाकर भी धर्म नहीं करता और अपने को संसार सागर से पार नहीं कर पाता वह बहुत पापी है क्योंकि मनुष्य के शरीर में ही सुन्दर इंद्रियां प्राप्त होती हैं। यदि इस पर भी मनुष्य अपना कल्याण नहीं कर पाता तो वह अभागा होता है। और ब्रह्महत्यारे के समान पाप भोगता है।

पुरुषार्थ बहुत बड़ा लक्षण है और पुरुषार्थ के बिना कुछ प्राप्त नहीं होता। किंतु पुरुषार्थ शरीर के बिना नहीं हो सकता। इसलिए मनुष्य को चाहिए कि वह अपने देह और धन की रक्षा के लिए पुण्य कर्मों का साधन करे। आत्मा सबसे बड़ा पात्र है और सबका पात्र है। इसलिए मनुष्य आत्मा की रक्षा करे। आत्मा की रक्षा के प्रयत्न में ही मनुष्य को कल्याण प्राप्त होता है। यदि मनुष्य आत्मा की रक्षा नहीं कर पाता तो उसके कल्याण का मार्ग अवरुद्ध हो जाता है। जीवित शरीर के आधार पर मनुष्य बार-बार शुभ- अशुभ कर्म करता है और गांव, क्षेत्र, घर पर परिधि में बंधा रहता है। जो बुद्धिमान मनुष्य होते हैं वे शरीर की रक्षा का प्रयत्न करते हैं क्योंकि शरीर सबसे प्यारा होता है। कोढ़ी और दुखी व्यक्ति भी शरीर को त्यागने की इच्छा नहीं करते। यह शरीर-रक्षा का प्रयत्न धर्म के लिए होता है क्योंकि यदि शरीर नहीं होगा तो धर्म का पालन कैसे होगा। धर्म ज्ञान के लिए और ज्ञान योग्य के लिए देह का होना आवश्यक है। धर्म ज्ञान के बाद जीव मुक्त हो जाता है। आत्मा को तारना पुण्य प्राप्त करना है। जो लोग इसी लोक में नरक रोग की चिकित्सा नहीं करता वह दुष्ट होता है और उसका शरीर रोगी हो जाता है। बुढ़ापे की अवस्था में मनुष्य कुछ नहीं कर पाता इसलिए उसके पहले ही पवित्र कर्म कर लेने चाहिए। बुढापे में रोग शत्रु की तरह से प्रहार करते हैं इसलिए कल्याणकारी कर्म पहले से ही प्रारंभ कर देने चाहिए। मनुष्य को चाहिए कि वह ज्ञान तत्त्व को इसके पूर्व ही पा ले क्योंकि शरीर के रुग्ण होने पर और इंद्रियों के शिथिल होने पर कुछ प्राप्त नहीं होता।

देह के रहते मनुष्य को तत्त्व ज्ञान प्राप्त कर लेना चाहिए। जो व्यक्ति घर के कोने में आग लगने के बाद कुआँ खोदता है वह जल जाता है। इसलिए मृत्यु के समीप पहुंचने के पूर्व ही आत्मज्ञान प्राप्त कर लेना चाहिए।

मनुष्य इस संसार में उत्पन्न होता है किंतु काल संसार के उत्पन्न अनेक कार्यों को नहीं देखता है किंतु मनुष्य अपने शुद्ध रूप से अपने स्वरूप को भी नहीं जान पाता। जिन कारणों से मनुष्य दूसरों को दुखित देखता है आपत्ति में फंसा हुआ पाता है कष्ट प्राप्त करता हुआ अनुभव करता है मनुष्य स्वयं उन्हीं कार्यों को करता है। यह आश्चर्य की बात है। वह पाप से नहीं डरता जबकि जानता है कि पाप का दुष्फल मिलेगा। मनुष्य यह जानता है कि सारी संपत्ति स्वप्न के समान है, फूल के समान जवानी है, और आयु बिजली की तरह से चंचल है, कभी भी कुछ भी नष्ट हो सकता है किंतु फिर भी वह पाप-कर्म में लीन रहता है। मनुष्य को चाहिए कि मानव जन्म में अपनी सार्थकता प्राप्त कर ले। बिना इसके धैर्य नहीं प्राप्त हो सकता। मनुष्य को सौ वर्ष का

जीवन मिला है। इसे भी वह सोने और आलस्य में बिता देता है। उसे चाहिए कि वह जीवन को निरर्थक होने से बचाए। उसे चाहिए कि वह ब्रह्म के समान होने के उपाय करता रहे। जो मनुष्य उपाय करने योग्य समय में उद्योग नहीं करता ओर जानने योग्य समय में चिंतन नहीं करता और भय तथा मायावी संसार में विश्वास करता है वह मनुष्य नष्ट हो जाता है। सभी मनुष्य मारे जाते हैं। यद्यपि पानी में उठे बुलबुले के समान इस देह में आत्मा विद्यमान रहती है। किंतु जो व्यक्ति भक्ति को चलायमान और धन को अचल समझते हैं वे गलती करते हैं। वास्तविक परिणाम को जानकर जो मनुष्य धन को केवल सामान्य प्रयोजन के लिए नहीं मानता उसे आत्मज्ञान नहीं होता। देह माया से मोहित होकर जो मनुष्य यह जानते हैं कि आत्मज्ञान से मोक्ष होता है वे भी आत्मज्ञान के अभाव में मोक्ष नहीं प्राप्त कर पाते। इस जीवन में मनुष्य शुद्ध ज्ञान मार्ग को देखकर अनदेखा कर देते हैं और ज्ञान की वाणी नहीं सुनते। वे नहीं जानते कि यह संसार काल रूपी सागर में डूब रहा है, मृत्यु रोग आदि इस सागर में ग्राह के समान है। इन ग्राहों के कारण उसे बहुत कष्ट मिलता है। किंतु काल की गति अबाध है और वह प्रत्येक क्षण क्षीण होने का मनुष्य को भी नहीं पता चलता है। क्योंकि काल न मनुष्य के द्वारा ग्रहण किया जाता है और न उसके द्वारा जाना जाता है। वह जल में स्थित कच्चे घड़े के समान नष्ट होता रहता है लेकिन उसका पता नहीं चलता।

पवन को बांधा जा सकता है और आकाश का खंडन भी संभव है। तरंगों को गूंथा जा सकता है लेकिन आयु पर विश्वास करना संभव नहीं है।

यह संपूर्ण पृथ्वी काल के बल से चलती है। काल के बल पर ही कहीं पर पर्वत होते हैं और कहीं पर समुद्र। ये परस्पर बदलते भी रहते हैं। तो फिर इस छोटे से शरीर की क्या महत्ता है? इसीलिए अपना-पराया सोचना बिलकुल व्यर्थ है। यह मेरे बंधु हैं, भाई हैं, अपने हैं, पराये हैं, यह सारा चिंतन उस समय व्यर्थ हो जाता है जब काल या तो स्वयं को उठा लेता है या बंधु-बांधवों में से कोई उसका ग्रास बन जाता है। किंतु मनुष्य अपने कार्य के विषय में सोचता हुआ कि यह हो गया और बाकी है, तथा और करना है, अंततः यम की ओर अग्रसर होता है। उसे हमेशा यह चाहिए कि वह जल्दी से जल्दी अपने कार्यों को संपादित करे क्योंकि मृत्यु मनुष्य के द्वारा किए गए या रह गए काम की चिंता नहीं करती। बुढ़ापा मृत्यु का मार्ग दिखाता है। बुढ़ापे के प्रचंड रोग मृत्यु के सैनिक हैं। ऐसी मृत्यु को जीव अनदेखा कर देता है और परमेश्वर को नहीं देखता। आश्चर्य यही है कि वह प्रभु की भक्ति क्यों नहीं करता? ऐसे मनुष्य को मृत्यु ऐसे ही खाती है जैसे अग्नि

रुई को। जैसे लालच रूपी सुई से छेद देने के बाद, विषयद रूपी घी से सींचने के बाद, राग-द्वेष बहुत अधिक पनपते हैं उसी तरह मृत्यु का जाल बढ़ता जाता है। मृत्यु के विधान से बालक, जवान बूढ़ा कोई भी नहीं बचता। यह जीव विवश हो जाता है और अपने आपको छोड़कर यम के घर चला जाता है। फिर माता-पिता और संबंधियों के विषय में तो क्या कहा जाए।

यह संसार दुख का मूल है और जो सांसारिक गृहस्थ है वह सबसे अधिक दुखी है। जिस मनुष्य ने इस संसार का त्याग कर दिया वह बहुत सुखी है। मनुष्य को चाहिए कि दुख को उत्पन्न करने वाले और आपत्तियों के आश्रय घर-संसार को अधिक आसक्ति से न देखे। ज्ञानी और भक्त मनुष्य संसार से ऐसे मुक्ति पा लेता है जैसे कोई लोहे से जकड़ा मनुष्य बंधन से छुटकारा पा ले। किंतु पुत्र, स्त्री आदि में लीन पुरुष का मोह नहीं छूटता। लेकिन वह जिन-जिन संबंधों के प्रति और जितने संबंधों के मोह भाव पैदा करता है उतने ही शोक रूपी कीलें उसके हृदय में पीड़ा देती हैं। उसकी दशा ऐसी हो जाती है जैसे कि कोई तस्कर किसी का धन छीनकर ले जाता है।

जिस तरह से लोहे की कील में लगे मांस को देखकर, कील की उपस्थिति भूली हुई मछली कांटे में फंस जाती है उसी तरह सुख का लोभी पुरुष (जीव) सांसारिक सुखों को देखता है लेकिन उनके पीछे यमराज के विघ्नों को नहीं देखता। इस तरह हे गरुड़! हित- अहित को देखने वाले और हमेशा कुमार्ग पर जाने वाले लोग नरक गामी होते हैं। मनुष्य के बीच में नींद खाना-पीना पशुओं के समान ही होता है। मात्र ज्ञान ही उसका विशेष तत्त्व होता है। और ज्ञानहीन मनुष्य पशु के समान होता है।

मूर्ख मनुष्य सामान्य क्रिया कर्म में लगा रहता है। दिन में भूख-प्यास से दुखी धन कमाने के लिए और रात में सोने के लिए वह अपना जीवन व्यतीत कर देता है। अज्ञान से मोहित होकर बह अपने जीवन का सच्चा धर्म नहीं निभा पाता। उसे यह भी नहीं मालूम पड़ता कि संसार में तल्लीन जीव अज्ञान के कारण मरता है। इसलिए धन आदि का संग छोड़कर मनुष्य को सज्जनों का संग ही करना चाहिए। सज्जनों का साथ बहुत बड़ी औषधि है। मनुष्य के जीवन में विवेक और सत्संग ये ऐसे दृष्टि-संपन्न नेत्र हैं जिनसे मनुष्य भले-बुरे की पहचान कर सकता है। जिनके पास ये नेत्र नहीं होते वे कुमार्गगामी हो जाते हैं।

सभी मनुष्यों का कर्त्तव्य है कि वे अपने वर्णाश्रम आचार में तत्पर होकर दूसरे धर्मों को भी जानें। अहंकारी मनुष्य नष्ट हो जाता है। कुछ लोग कर्म में अधिक लीन रहते हैं और कुछ धर्म में। जो लोग अज्ञान से घिरे हैं उनके साथ धोखा हो जाता है। उनकी असली पूंजी नष्ट हो जाती है।

कुछ लोग भगवान नारायण अर्थात् मेरा नाम मात्र लेने से मोक्ष की कामना करने लगते हैं। और कुछ लोग कर्मकांडी होकर बड़े बड़े यज्ञों को करते हुए मोक्ष की कामना करते हैं। कुछ लोग उपवास करते हुए शरीर को सुखा देते हैं और मोक्ष की कामना करते हैं।

लेकिन मेरी माया से मोहित होकर इस प्रकार परोक्ष रीति से मोक्ष की प्राप्ति नहीं होती। क्योंकि देह को दंड देने से ज्ञान उत्पन्न नहीं होता। यह ऐसा ही होता है जैसा सांप को मारने के लिए खाली बांबी पर आक्रमण किया जाए। जो लोग जटाओं के भार से घिरे रहते हैं, मृग चर्म धारण करके घमंडी ज्ञानियों की तरह नगरों और ग्रामों में घूमते हैं और दूसरे लोगों को भी भ्रम में डालते हैं उन्हें मैं प्राप्त नहीं होता। जो व्यक्ति संसार से उत्पन्न सुख में लीन रहते हैं और अपने को भी ब्रह्म से उत्पन्न हुआ मानते हैं उन्हें भी मैं नहीं मिलता हूं। हे गरुड़! षड्दर्शन रूप महा कुएं में गिरे हुए अनेक मनुष्य परमार्थ के वास्तविक रूप को नहीं जानते। वे पशुओं के समान बंधे हैं। कुछ लोग कर्म से और ब्रह्मज्ञान से भ्रष्ट हो जाते हैं क्योंकि उनमें अहंकार हो जाता है। ऐसे पुरुषों को त्याग कर देना चाहिए। ऐसे लोग कहां मुक्ति पाते हैं जो घर और वन में समानता करते हुए निर्लज्जतापूर्वक दिगम्बर होकर घूमते हैं। केवल मिट्टी और भस्म लगाने से मुक्ति प्राप्त नहीं होती। जो पुरुष तपस्वी के रूप में घास, पत्र, पानी आदि पीते रहते हैं वे वास्तविक तपस्वी नहीं होते। जन्म से मरण तक गंगा में रहने वाले मछली और मेंढक क्या स्वर्ग को चले जाते हैं?

इस प्रकार मुझे प्राप्त करने के बाहरी उपाय समुचित नहीं होते। और न इन बाह्य उपायों से मोक्ष की प्राप्ति होती है। पपीहे पृथ्वी में गिरे जल को कभी नहीं पीते और पारावत पक्षी एक-एक कण का आहार करते हैं किंतु वे सब व्रती नहीं हो जाते। हे गरुड़! संसार के अनेक कर्म लोकरंजन के लिए हैं। उनसे मोक्ष का कोई संबंध नहीं मोकृष तो केवल तत्व -ज्ञान से ही संभव है।

वेद-शास्त्रों से युक्त घोर समुद्र में गिर हुए तार्किक पंडित शास्त्रों और संवादों के कुचक्रों में फंसे रहते हैं वे भी तत्व -ज्ञान को नहीं जानते। अनेक लोग ऐसे होते हैं जो वेद-शास्त्र और पुराणों को बाहर से जानते हैं। लेकिन उन्हें हम तत्त्व-ज्ञानी नहीं कह सकते हैं। वे पंडित केवल प्रदर्शन के लिए होते हैं। वे केवल कौए के समान बोलते हैं। कुछ लोग वास्तविक तत्त्व-ज्ञान के अभाव में केवल शास्त्रों को पढ़कर ही अपने को ज्ञानी समझने लगते हैं। उनकी इंद्रियां व्याकुल रहती हैं।

परम तत्व इन सबसे परे कुछ और तत्व है। वह तत्वमसि और गुरु के उपदेश से जानने योग्य यह परम तत्त्व अनुभव से जाना जाता है और भक्ति उसका मूल है। ज्ञान तो केवल सहायता

करता है। केवल शास्त्र को पढ़ने वाले तत्व ज्ञान से वैसे ही दूर रहते हैं जैसे करछी रस के स्वाद से दूर रहती है। यद्यपि फूलों को गले में या सर पर धारण किया जाता है लेकिन उनकी वास्तविकता नाक ही जान सकती है। मूर्ख लोग व्यर्थ में तर्क-वितर्क से परम ज्ञान को प्राप्त करने की कोशिश करते हैं।

ज्ञान से हीन व्यक्ति अध्ययन से तत्त्व-ज्ञान नहीं प्राप्त कर सकता। हजार वर्ष की आयु भी वास्तविक ज्ञान को प्राप्त करने के लिए कम होती है और शास्त्र-ज्ञान का अंत नहीं है। शास्त्र अनेक हैं और मनुष्य की आयु बहुत छोटी होती है। और उस पर भी अनेक विघ्न आ जाते हैं। इसलिए मनुष्य को चाहिए कि वह शास्त्र के तत्त्वों को जानने का प्रयास करे। जैसे हंस पानी में से दूध का कण निकाल लेता है वैसे बुद्धिमान लोगों को शास्त्रों में से तत्त्व-ज्ञान की बातें निकाल लेनी चाहिए। तत्त्व-ज्ञान की प्राप्ति पर ज्ञानी मनुष्य शास्त्र को ऐसे छोड़ देता है जैसे गेहूं की प्राप्ति के पश्चात् भूसा छोड़ दिया जाता है।

हे गरुड़! जो पुरुष अमृत से तृप्त हो जाता है वह भोजन नहीं करता। इसी प्रकार जो तत्त्व-ज्ञानी है उसे शास्त्रों की आवश्यकता नहीं होती। वास्तविक रूप में गुरु की केवल एक वाणी से ही मुक्ति मिल जाती है। वेदों के पढ़ने से मुक्ति नहीं होती केवल ज्ञान से कैवल्य प्राप्त होता है। मुक्ति के कारण स्वरूप न तो चारों आश्रम हैं, और न षड्दर्शन तथा सारे शुभ कर्म मुक्ति दिला सकते हैं। बस मुक्ति का तो एक ही आधार है-आत्म ज्ञान। मुक्ति देने वाली सारी विद्याएं एक तरफ और गुरु की वाणी एक तरफ। जिस तरह से संजीवनी काष्ठ ही प्रमुख होती है उस तरह अद्वैतवाद ही विश्व रूप है। यह गुरु के मुख से प्राप्त होता है। और करोड़ों शास्त्रों को पढ़ने से भी नहीं मिलता।

ज्ञान दो प्रकार का कहा गया है। एक शास्त्रों में लिखा हुआ और दूसरा अपने अनुभव से प्राप्त। शास्त्र का ज्ञान एक शब्द मात्र है लेकिन जो अपने अनुभव को प्राप्त होता है वही ज्ञान परब्रह्म रूप है। अद्वैतवाद ज्ञान की इच्छा करते हुए कुछ लोग द्वैत ज्ञान की इच्छा भी करते हैं और ये भी समझते कि द्वैत-अद्वैत से परे ही वास्तविक परम ज्ञान है। यह मेरा नहीं है या यह मेरा है ये दोनों बातें मोक्ष के लिए बंधन हैं। जब हम यह अनुभव करते हैं कि यह मेरा नहीं है तब हम बंधनों से छूट जाते हैं। वास्तविक कर्म भी वह होता है जो मनुष्य को बंधन में नहीं बांधता और विद्या वही होती है जो मुक्ति देने वाली होती है।

आध्यात्मिक विद्या से अलग किसी भी शिल्प की निपुणता भी विद्या ही है। मनुष्य जब तक कर्म करता है तभी तक इस संसार की वासना में रहता है। और जब तब इंद्रियों की चंचलता के घेरे में रहता है तब तक तत्व ज्ञान भी कहां होता है। इसलिए देह का अभिमान ममता वासना

और सांसारिक तत्त्वों के लिए प्रयत्न छोड़कर मनुष्य को चाहिए कि वह गुरु की दया प्राप्त करके आत्मज्ञान प्राप्त करे। जप, तप, हवन, तीर्थ और पुराणों की कथा भी तभी तक सहायता करती है जब तक तत्त्व ज्ञान नहीं होता। इसलिए मैं तुमसे यह कहता हूं कि हे, गरुड़! सत्यनिष्ठ होने पर ही मनुष्य मोक्ष की ओर पग बढ़ा सकता है। आध्यात्मिक आदि तापों से तपे हुए लोग मोक्ष रूपी वृक्ष की छाया का आश्रय लेने का प्रयास करते हैं। इस दृष्टि से श्री गुरु के मुख से आत्मज्ञान को प्राप्त करना चाहिए और इस आत्मज्ञान से जीव संसार रूपी वृक्ष की छाया का आश्रय लेने का प्रयास करते हैं। इस दृष्टि से श्री गुरु के मुख से आत्मज्ञान को प्राप्त करना चाहिए और इस आत्मज्ञान से जीव संसार रूपी बंधन से छूट जाता है। जीव अन्त काल आने पर आत्मज्ञान से ही निर्वाण को प्राप्त होता है।

अंत काल आने पर मृत्यु के भय से रहित त्याग-रूपी शास्त्र के द्वारा अपने मोह को काटकर मनुष्य को चाहिए कि वह राग से रहित हो जाए। घर का त्याग करने के बाद तीर्थ के जल में स्नान करे और विधिपूर्वक बनाए हुए कुशा और मृगचर्म को धारण करे और इन्हीं के आसन पर सोए। महान् अक्षर ओमकार का अभ्यास करते हुए अपने श्वास को जीतकर ब्रह्म का स्मरण करे और अपने मन को रोके। बुद्धि सारथी है, मन और इंद्रियां घोड़े हैं, इन्हें बुद्धि के द्वारा रोककर कर्म में प्रेरित करना चाहिए कि ऐसा करता हुआ वह अपने आपको अनुभव करे कि वह परम धाम है- मैं ही ब्रह्म हूं, मैं ही परम पद हूं, और मैं ही अनंत आत्मा हूं। इस तरह से वह अपने आपको स्थापित करे।

जो पुरुष ओम का उच्चारण करता हुआ और मेरा सूमरण करता हुआ अपनी देह का त्याग करता है वह परमगति-मुक्ति को प्राप्त होता है। इस स्थल पर ज्ञान और वैराग्य के घमंडी लोग नहीं जा पाते। ज्ञानी पुरुष ही इस गति तक पहुंचते हैं।

मान-मोह से रहित होकर जो लोग संग के दोष को जीत लेते हैं, अभिलाषाओं का त्याग करने में समर्थ हो जाते हैं, और दुख-द्वंद्व से छूट जाते हैं राग-द्वेष रूपी मल से मुक्त हो जाते हैं वे परम अविनाशी पद को प्राप्त होते हैं।

ज्ञान एक कुंड है उसमें सद् का जल भरा हुआ है और यह जल राग-द्वेष को दूर करता है। इस तरह के मानस-तीर्थ में स्नान करने वाला व्यक्ति मोक्ष प्राप्त करता है। जो केवल मुझे भजता है और परमात्मा में ध्यान लगता है वह मोक्ष को प्राप्त होता है। जो व्यक्ति अपनी मृत्यु की चिंता न करता हुआ तीर्थों में निवास करता है और मुक्ति प्रदान करने वाले क्षेत्र में मरता है उसे मोक्ष मिलता है।

मोक्ष प्राप्त करने के लिए कुछ तीर्थ इस प्रकार हैं- अयोध्या, मथुरा, काशी, गया, कांची, अवंतिका, द्वारावती-ये सात पुरी मोक्ष प्रदाता है। इस तरह से हे, गरुड़!जैसा तुमने पूछा वैसे ही मैंने इस सनातन मोक्ष धर्म के विषय में तुम्हें बता दिया है। मुख्य ज्ञान और वैराग्य से इसको सुनने से भी मोक्ष प्राप्त होता है और सबसे मुख्य बात यह है कि तत्त्व को जानने वाले धार्मिक मोक्ष को प्राप्त करते हैं और वे स्वर्ग जाते हैं।

भगवान की यह वाणी सुनकर गरुड़जी ने उनको अनेक बार प्रणाम किया और फिर ध्यानस्थ हो गए। इसके बाद वह बोले- हे भगवान्! आप मुझे सदाचार के विषय में बताइए कि मनुष्य का सदाचार कर्म-विधान क्या होना चाहिए।

गरुड़जी का प्रश्न सुनकर भगवान नारायण बोले मनुष्य को चाहिए कि वह श्रुति और स्मृति का ज्ञान प्राप्त करके वैदिक कर्म करते हुए सदाचार का पालन करे। श्रोत कर्म करने के बाद वह स्मार्त्त कर्म भी करे। वैदिक कर्म को प्रमुखता देनी चाहिए। यदि किसी कारण से कोई मनुष्य स्मार्त्त कर्म नहीं कर सकता तो उसे सतपुरुषों का आचरण करना चाहिए। श्रुति और स्मृति ये दोनों ही ब्रह्म ज्ञाताओं के नेत्र कहे गए हैं। इनके द्वारा ही कर्मों का दर्शन होता है। श्रुति के द्वारा वैदिक धर्म का प्रतिपादन किया जाता है। स्मृति के शास्त्रों में जो कुछ भी कहा गया है वह अपर धर्म होता है। एक तीसरी श्रेणी का धर्म भी होता है जिसमें शिष्टाचार का कथन होता है। इस तरह से ये तीन सनातन धर्म होते हैं।

सत्य, दान, दया, विद्या, पूजन, लाभ और इज्या ये आठ धर्म के स्वरूप हैं और यही शिष्टाचार के लक्षण कहे गए हैं। हमारे पूर्वज पुरुष शरीर और इंद्रियों के तेज से परिपूर्ण थे, धर्म का आचरण करते थे, उन्होंने ही सत्य, यज्ञ, तप और दान के रूप में धर्म के लक्षण बताए हैं।

सच्चा सदाचार, अध्ययन ,तप, विद्या में प्रवृत्त होता है क्योंकि धर्म से सुख की प्राप्ति होती है और धर्म से ही ज्ञान मिलता है। इस धर्म से युक्त ज्ञान जब प्राप्त होता है, तब मोक्ष मिलता है। इज्या अर्थात् यज्ञ आदि करना, अध्ययन और शास्त्रों का पालन करना। ब्राह्मण क्षत्रियों और वैश्यों का कर्म कहा जाता है। क्षत्रिय अपने कर्म के द्वारा निर्वाह करता है और यही उसका सदाचार है। उसका सदाचार प्राणी मात्र की रक्षा करना भी है। पशुओं का पालन करना खेती और दुकानदारी वैश्य का धर्म है। शूद्र का कर्म है वह द्विजातियों की सेवा करे। इस प्रकार चारों वर्णों के धर्म भिन्न-भिन्न हैं और चार आश्रम हैं जिनका पालन करना सुखी जीवन के लिए आवश्यक है। शूद्र को चाहिए कि वह कर्म से ब्राह्मण क्षत्रिय और वैश्य की सेवा करे। आश्रमों में ब्रह्मचारी का कर्त्तव्य है कि वह ब्रह्म की उपासना करता हुआ विद्या अध्ययन करे। घर छोड़कर गुरु के पास गुरुकुल में रहे और यज्ञ आदि करे समयानुसार अध्ययन करे। उसे भिक्षाचरण से अपनी जीविका प्राप्त करनी चाहिए। वह गुरु के साथ रहकर ही उसकी आज्ञानुसार कार्य करे।

गृहस्थाश्रम में उसका कर्म दूसरा हो जाता है। उसे चाहिए कि वह नित्य यज्ञ करता हुआ वैदिक पद्धति से अपने जीवन का निर्वाह करे और अपनी भार्या के साथ पर्वों को त्याग कर रतिक्रिया करता हुआ गृहस्थ धर्म का पालन करे। देवता, पितृगण और अतिथियों का पूजन-सत्कार भी उसका धर्म है। गृहस्थ धर्म का पूरा निर्वाह कर लेने के बाद मनुष्य को चाहिए कि वह वानप्रस्थ में प्रवेश करे और इंद्रियों पर संयम रखता हुआ धर्म-कर्म करे। नित्य यज्ञ करे, मृगचर्म धारण करके भूमि पर सोए, वन में निवास करे, जो कुछ भी फल आदि प्राप्त हों उनसे अपना पेट भरे। यह उसका धर्म है। शास्त्रों ने जो उसके लिए निषेध किया है उसे वह बिलकुल न करे। चौथा आश्रम संन्यास का है। इस आश्रम में मनुष्य सब कुछ छोड़कर संन्यासी हो जाता है। यहां पर उसे केवल भिक्षावृत्ति से ही काम चलाना पड़ता है। उसे चाहिए कि वह वृक्ष की जड़ में निवास करे और कुछ भी संचित न करे। राग-द्वेष से परे हो जाए। किसी के प्रति भी ममता न रखे। प्रिय-अप्रिय न समझे और बाहर भीतर अधिक से अधिक शुद्ध रहने का प्रयास करे कम बोले केवल ब्रह्म-ध्यान में मग्न रहे और अपने हृदय में क्षुद्र भावनाओं को न रखे। नित्य ध्यान और उपासना करे। इसी को संन्यासी का धर्म कहा गया है।

सदाचार के अंतर्गत किसी प्रणी की हिंसा न करना अर्थात् किसी को किसी भी तरह से कष्ट न पहुंचाना। मन वचन कर्म से प्रिय बने रहना और सब पर दया भाव रखना महत्त्वपूर्ण है। समस्त आश्रमों में रहने वाले मनुष्यों का सामान्य धर्म सत्य का आचरण है। प्रात -काल शय्या से उठकर सोने तक जाने का एक गृहस्थ का धर्म सबसे अधिक कठिन होता है। गृहस्थ को चाहिए कि वह ब्राह्म-मुर्हूत में शैया छोड़ दे और धर्म-अर्थ का चिंतन करे। अपने नित्य-कर्म से निवृत्त होकर स्नान संध्या आदि करे। फिर उसके बाद दिन में अपना कार्य करे। संधि-काल में नित्य कर्म करते हुए दिशा-ज्ञान का विशेष ध्यान रखे। जल में स्नान करते हुए अधिक से अधिक शुद्ध रहे और उसके बाद अपने कर्म विधान की ओर ध्यान करे। जो व्यक्ति कमजोर हो वह अपनी शक्ति और बल के अनुसार शारीरिक शुद्धि करे। शारीरिक शुद्धि के बाद आचमन आदि कूदते हुए संध्या-वंदन करे। वेदों का पाठ करते हुए इतिहास-पुराण का पारायण करे। फिर वह नासिका में वायु, आंखों में सूर्य, कानों में दिशा, नाभि में ग्रंथि, और हृदय में ब्रह्मा का ध्यान रखते हुए अपनी पूजा करे।

यति लोगों को चाहिए कि वह तीन बार स्नान-संध्या करें और ब्रह्मचारी के लिए एक बार का स्नान पर्याप्त है। दिन और रात के मिलने वाले स्थल को संध्या कहा जाता है और यह संध्या कर्म सदाचार का मुख्य अंग है। ज्ञानी पुरुष ब्रह्मा विष्णु और शिव को अलग-अलग नहीं समझते

और इस लोक में मंगलमय वस्तुओं- ब्राह्मण, गऊ, कुशासन, हिरण्य, घी, सूर्य, जल और राजा है। इनको ध्यान करते हुए अर्चना और पूजा करे। जो वस्तु पोष्य है उसका पोषण करे। केवल अपनी ही चिंता न करे क्योंकि जो अपना ही पेट भरता है वह जीवित होते हुए भी मरे हुए के समान होता है। कर्म के अर्थों के स्वरूप में पर्वत और नदियों की क्रियाएं सामान्य होती हैं। और यह भूमि संपूर्ण रत्नों की खान है। पशु, धन, धान्य, अर्थ के कार्य के योग से ही होते हैं। इसलिए मनुष्य को चाहिए कि वह किसी से द्रोह न करे और सामान्य काल में रखकर जीवन-यापन करे। जीवन-यापन का धन तीन प्रकार का होता है- शुक्ल, शकल और कृष्ण। इनके भी सात प्रकार के विभाग होते हैं। पितृ परंपरा से प्राप्त धन, किसी के द्वारा प्रेम से दिया गया धन, पत्नी या किसी और की सहायता से प्राप्त धन, यही तीन प्रकार के धन संपूर्ण रूप से जीवन का आधार बनते हैं।

ब्राह्मण का धन तीन प्रकार का होता है- भिक्षा से प्राप्त, अध्ययन से प्राप्त, और प्रतिग्रह से प्राप्त होने वाला धन। क्षत्रिय का धन भी तीन प्रकार का होता है। और यह विषय धन कहलाता है- 1. करों के द्वारा प्राप्त धन 2. दंडों से प्राप्त धन 3. विजय प्राप्त करने के बाद प्राप्त धन।

इसी तरह वैश्य का धन भी तीन प्रकार का होता है- कृषि के द्वारा प्राप्त धन जिसमें पशु-पालन और वाणिज्य-व्यवसाय और मुनाफे का धन भी सम्मिलित है। यदि ब्राह्मण आपत्ति काल में उपस्थित होता है तो उसे इस प्रकार का धन लेने से कोई पाप नहीं लगता। कभी-कभी कृषि कर्म में अनावृष्टि हो जाती है और बाधा उपस्थित होती है लेकिन उसकी कमी दूसरे स्थानों पर जाकर धन कमाने से पूरी की जाती है। किसान कर के रूप में राजा को धन देते हैं। विद्या शिल्प दुकानदारी भी जीवन के निर्वाह के कारण होते हैं। इस प्रकार प्रतिग्रह में कोई दोष नहीं होता।

सब वर्णों को धन के स्वरूप को भी देखना चाहिए। अक्सर वृत्ति के द्वारा प्रायश्चित करके विशुद्ध कर लेने का विधान भी है। नित्य कर्मों में जो मनुष्य स्नान आदि नहीं करता उसे जप और हवन करने का अधिकार नहीं है। स्नान की दृष्टि से शरीर और मन दोनों का प्रक्षालन होना आवश्यक है। तालाबों, तीर्थों और नदियों में किया गया स्नान क्रिया-स्नान कहलाता है। तीर्थों में पापों से छुटकारा मिलता है और नित्य नैमित्तिक और क्रियान्त तथा मलकर्षण स्नान तीर्थ के अभाव में कर लेना चाहिए। भूमि से निकाला हुआ जल पुण्य जल होता है। सरोवर का जल भी पवित्र होता है। सरोवर से अधिक नदी का जल पवित्र होता है। गंगा का जल वैसे तो पवित्र होता है और तीर्थों में यह जल और भी अधिक पवित्र हो जाता है। इस प्रकार तीर्थ में स्नान करने से मनुष्य पाप मुक्त हो जाता है।

सदाचार की दृष्टि से व्रत का बहुत अधिक महत्त्व है। लेकिन श्रद्धा से युक्त होकर नित्य प्रात:काल स्नान करने वाला व्यक्ति यह फल बहुत जल्दी पा लेता है। जो पुरुष चंद्रमा और सूर्य

ग्रह के समान लोगों को प्राप्त करना चाहता है उसके लिए प्रात:काल का स्नान पुण्यों को देने वाला होता है। भगवान विष्णु विशेषकर एकादशी तिथि के स्नान से प्रसन्न होते हैं। जो मनुष्य श्री की कामना करता है उसे आवले से स्नान करना चाहिए। इससे कीर्ति बढ़ती है और आरोग्यता प्राप्त होती है। इस प्रकार के स्नान करने से देवता और पितृगण प्रसन्न होते हैं। नदी में स्नान करते हुए जो मनुष्य पितृगणों का ध्यान करता है और उन्हें तिलांजलि देता है उसे बहुत पुण्य होता है। इस तरह जल में स्नानें करते हुए मनुष्य को चाहिए कि वह मंत्र का उच्चारण करते हुए देवताओं की अर्चना, करते हुए स्नान करे। ब्रह्मा, विष्णु और सूर्य की अर्चना करते हुए उन्हें जल का समर्पण करें। मनुष्य को चाहिए कि वह अर्चना प्रारंभ करते हुए देवताओं को अर्घ्यदान दे और फिर पुष्पांजलि अर्पित करे। फल भी समर्पित करे। फिर जल में ही आचमन करे। और तीर्थ की परिकल्पना करते हुए स्नान करे। शूद्र को चुपचाप नमस्कार के साथ आचमन करना चाहिए।

स्नान करने के बाद मनुष्य को चाहिए कि वह मधुर पदार्थ खाए और बीच में अन्य अन्न का सेवन करे। तीखे तथा खट्टे स्वाद वाला अन्न बाद में खाए और सबसे अंत में दूध का पान करे। रात में भूमि पर सोए तो बहुत अच्छा। इस प्रकार अपने सदाचार का पालन करता हुआ मनुष्य जीवन-यापन करता रहे। जो मनुष्य शास्त्र के अनुसार सदाचार धर्म का निर्वाह करता है वह स्वयं ब्रह्म पद को प्राप्त होता है।

■■

पंचदश अध्याय

भगवान नारायण ने गरुड़जी से कहा- अब धन्वंतरि के कहे हुए कुछ विशिष्ट रोग और उनके निदान के विषय में सुनो। धन्वंतरि ने बताया कि रक्त। पित्त का रोग बहुत भयंकर होता है। रोग की उत्पत्ति अधिक गर्म, तीखा और खट्टा पदार्थ खाने से होती है। क्योंकि इससे पित्त से संयुक्त पदार्थों में पित्त अधिक होने के कारण रक्त में बाधा पहुंचती है और अपनी मात्रा से अधिक होने के कारण समान रूप होकर विकृत-रूप में प्रभाव करते हैं। इनका परस्पर संसर्ग रक्त में अनेक प्रकार के दोष पैदा करता है। जब रक्त-पित्त तेज होता है तब सिर में भारीपन, कोई भी चीज अच्छी न लगना खांसी, सांस का कष्ट ओर मुंह में अजीब प्रकार की गंध हो जाती है। मनुष्य का मुख भी पीला-पीला हो जाता है। आँखों की रोशनी धूमिल हो जाती है और मनुष्य परमत्व होने की अवस्था तक पहुंच जाता है।

इस रोग के कारण नाक, कान, मुँह में जलन होती है। कफ आदि बढ़ जाता हैं लेकिन इसकी सबसे बड़ी औषधि विरेचन से होती है। कफ की शुद्धि करनी आवश्यक होती है। कुछ कसैले पदार्थ शुद्ध करने के लिए आवश्यक होते है। कटु, तीखे और कसैले स्वभाव वाले पदार्थ कफ का समन करते हैं। इस अवस्था में मनुष्य को मधुर पदार्थ खाने चाहिए। मधुर पदार्थों के साथ रक्त का पित्त शुद्ध हो जाता है और खांसी दूर हो जाती है। यह पांच प्रकार की होती हैं- वात-पित्त से होने वाली खांसी और कफ से होने वाली खांसी बहुत तेज होती है और एक खांसी क्षय होने के कारण भी होती है। इससे गले में सूखापन आ जाता है। गले में खाज जैसे आसार भी दृष्टिगोचर होते हैं इससे सांस टूटती रहती है इसके उपचार के लिए यह देखना होता है कि खांसी के अधिक वेग से तरल पदार्थ खाते हुए छुटकारा पाया जा सकता है। वक्षस्थल की पीड़ा और माथे का दर्द कभी-कभी तीव्र हो जाता है और उससे मनुष्य के अंदर की शक्ति कम हो जाती है। बहुत अधिक पीड़ा होती है जैसे सुईयाँ चुभ रही हों।

इसकी अधिकता के साथ श्वास रोग और पीठ के भाग में पीड़ा भी होने लगती है। अचानक ही कभी गर्मी और कभी सर्दी का अनुभव होता है। धन्वंतरि ने इसके बारे में कहा कि किसी रोग के समान श्वास रोग भी उल्लेखनीय है। खांसी की वृद्धि हो जाने से श्वास रोग पैदा होता है और यह प्राण और जल तथा अन्न को ग्रहण करने वाले शारीरिक स्त्रोतों को दूषित करता है। इस श्वास रोग का लक्षण यह है कि हृदय के बगल में दर्द होता है। और बहुत अधिक भोजन से पीड़ा बढ़ती है। वायु प्रतिकूल होकर सांस के उतार-चढ़ाव में तेजी लाती है। किंतु जब भीतर का मल

बाहर निकल आता है केवल तभी थोड़ी-सी शांति मिलती है। कई बार सोते समय इससे बहुत घबराहट होती है और वह उठ बैठता है। उठकर बैठ जाने पर भी कुछ शांति मिलती है। लेकिन माथे पर पसीना आ जाता है। जिस तरह से बादलों में होने वाले जल और वायु के संघर्ष में प्रकंपन होता है वैसे सांस रोग से हृदय कांपता है। कई बार ज्वर और मूर्च्छा का आभास भी होता है। इस तरह यह रोग बहुत कष्ट देता है। वाणी में सूखापन आ जाता है और जब मनुष्य ऊपर को लंबी सांस लेता है तो उसका अवरोहण नहीं कर पाता। वह बोलने में असमर्थ हो जाता है और उसको ऐसा लगता है जैसे उसके प्राण निकल रहे हो।

धन्वंतरि ने कहा कि एक विशेष प्रकार का हिचकी का रोग भी होता है। इसका प्रारंभ भी सांस की क्रिया से होता है। कई बार अनुचित वस्तु के सेवन करने से रूखा, तीखा और तेज अन्न भीतर की वायु को प्रताड़ित कर देता है और इससे हिचकी उत्पन्न होती है। मूलतः यह खाए हुए अन्न से पैदा होती, कभी धीमी और कभी बेगवती होती हुई यह मनुष्य में प्रकंपन पैदा करती है। इसके बाद सारे शरीर को मथती हुई वाणी, स्मृति और संज्ञा को भी धूमिल कर देती है। कई बार वमन करने की स्थिति भी आ जाती है। अनेक बार इसके शब्द बड़े ध्वनि वाले होते हैं। हिचकी के समय मनुष्य को बार-बार यह लगता है कि उसका सांस ऊपर नीचे अवरोध से चल रहा है।

इसके बाद धन्वंतरि ने कहा कि यक्ष्मा रोग भी बहुत भयंकर होता है। इस रोग में अनेक रोग छिपे होते हैं। यह कई रोगों के कारण से पैदा होता है। इससे मनुष्य की सारी शक्ति नष्ट हो जाती है। पहले यह रोग सामान्यतया बड़े-बड़े राजाओं को हुआ करता था। इसीलिए इसका नाम राजरोग पड़ा। इसके चार मुख्य कारण कहे जाते हैं। पहला कारण है करने न करने वाले काम में बुरी तरह से लग जाना और भूख-प्यास आदि की चिंता भी न करना। ठीक समय पर न खाना-पीना इसका दूसरा कारण है। तीसरा कारण है-किन्हीं भी स्थितियों से शरीर में ओज, वीर्य और स्नेह का क्षीण हो जाना। चौथा कारण समय पर उचित मात्रा में खाने का अभाव होता है। इन चार कारणों से पित्त बहुत उत्तेजित हो जाता है और धीरे- धीरे यक्ष्मा रोग का कारण बनता है। इसमें मुख की मिठास और शरीर की कोमलता जाती रहती है। सारे शरीर के अंगों में ठंडापन और सफेदी आ जाती है। शरीर में पीड़ा तो होती ही है और मदिरापान स्त्री-प्रसंग और स्वप्न तथा स्वप्न में सांप बंदर आदमियों को देखना इसके लक्षण होते हैं। इसके अनेक उपद्रव होते हैं-गले को पीड़ा देने वाला श्वास का अवरोध, जम्हाई आना, अग्नि की मंदता, मुख मैं दुर्गंध और शरीर के अंगों का टूटना इसकी निशानियां हैं। इसमें मनुष्य अपने भीतर एक विशेष प्रकार की अग्नि अनुभव करता है। रक्त बनना बंद हो जाता है।

इस रोग से बहुत जल्दी ही क्षीणता आ जाती है। इसके लिए क्षीणता से बचने के साधन करने चाहिए। इसमें बात की अधिकता से भी परेशानी होती है तथा पित्त के प्रकोप से तालू और गले में जलन होती है। रोगी को प्रत्येक क्षण घुटन और धुएं का अनुभव होता है।

मनुष्य के शरीर में अतिसार रोग के आक्रमण भी होते हैं। कभी-कभी बहुत अधिक जल पीने से और कभी सूखा अन्न खाने से और कभी अत्यधिक मदिरा के सेवन से और अनेक अवसरों पर बहुत परिश्रम से मनुष्य की स्वाभाविक वायु-गति बाधित हो जाती है और उसके द्वारा तेज क्षय हो जाता है। इसमें हृदय तथा शरीर में पसीना अधिक आता है। शुष्कता के कारण सांस लेने में भी परेशानी होती है।

ये सभी रोग अधिकतर पित्त के बढ़ने से होते हैं। इसलिए पित्त का अनुशासन बहुत आवश्यक है। क्योंकि पित्त को अनुशासित करने से वायु अनुशासित होती है और उसकी स्वाभाविकता बनी रहती है। इसलिए मनुष्य को चाहिए कि वह भोजन पदार्थों में समानता रखे। इनके कभी-कभी विलक्षण लक्षण होते हैं। शरीर का पीला पड़ना और कभी-कभी घाव की तरह से व्रण हो जाना, दुर्गंध, पसीना आना, अनेक लक्षण दिखाई देते हैं।

जब मनुष्य को अधिक समय तक अतिसार का रोग होता है तो संग्रहणी जैसा दोष उत्पन्न हो जाता है। यह भी चार प्रकार का होता है-एक भेद में वात, पित्त और कफ का प्रकोप बना रहता है। दूसरा लक्षण वायु का कम होना है। इसमें मुख का स्वाद बिगड़ा रहता है और हमेशा प्यास का भ्रम बना रहता है। तीसरा लक्षण पेट की जलन होती है। और कानों के छिद्रों में एक प्रकार की झनझनाहट बनी रहती है। जब यह रोग वायु के कारण होता है, आंखों के सामने अधिकतर अंधेरा रहता है और मनुष्य हमेशा आलस्य में डूबा रहता है। इसमें जीर्णता से मुक्ति ही सबसे बड़ा उपाय है।

इस प्रकार ये अनेक रोग निरंतर मनुष्य को होते रहते हैं और इनसे मनुष्य कष्ट में रहता है। इनसे समस्त इंद्रियां क्षुब्ध हो जाती हैं और मनुष्य मरण से भी अधिक कष्टदायक स्थिति में आ जाता है। ये रोग अधिकतर अधिक भोजन और असंतुलित भोजन से होते हैं। जो व्यक्ति मद्यपान करता है उसे इनमें से प्रत्येक रोग शीघ्र पकड़ लेते हैं और एक के साथ दूसरे रोगों का लक्षण भी अभिव्यक्त होता है। मद्य से रहित होकर बलवान शरीर से इन शारीरिक और मानसिक विकारों पर भी विजय पाई जा सकती है। इस प्रकार मैंने तुम्हें विभिन्न रोगों का निदान बताया है। मनुष्य को इन रोगों के विषय में सतर्क रहना चाहिए और उचित उपचार करते हुए योग साधना के द्वारा अपने को नियंत्रित करना चाहिए।

रोगों के निदान के बाद चिकित्सा के विभिन्न योग बतलाते हुए विष्णु जी के अवतार धन्वंतरि ने बताया कि इस प्रकार के ज्वरों में सबसे अच्छी बात भोजन का त्याग होना चाहिए। गर्म पानी पीना और हवा रहित स्थान में रहना लाभदायक होता है। यदि वायु के विकार से ज्वर हुआ हो तो गिलोय और नागरमोथा का काढ़ा देना चाहिए।

पित्त के दोष से भी ज्वर होता है। उस ज्वर में सौंफ, मोथा और नवीन फल को मिलाकर देना चाहिए। कफ के दोष से उत्पन्न ज्वर में काढ़ा देना चाहिए।

गहरे से गहरे ज्वर का विनाश नीम, देवदारु और धान्यक के पत्ते के साथ गिलोय और त्रिफला को मधु में मिलाकर खाने से हो जाता है। हरी पीपल, आवला और चिरुक इनका चूरा बनाकर भी ज्वर का इलाज होता है। सन्निपात ज्वर अधिक गंभीर होता है। इसमें त्रिफला, नींबू, हर्रा, नागर मोथा, देवदारु का घोल बनाने से जो पटोल पतर के सहित हो- ऐसा काढ़ा बनाकर देने से सन्निपात ज्वर दूर होता है और कटेरी, नागरमोथा, गिलोय और पुष्कर के साथ नागबल्ली का चूर्ण खाने पर सांस और खांसी दूर हो जाती है।

कफ और वात के ज्वर में हमेशा गर्म पानी पीना चाहिए। यदि वात का ज्वर हो तो उसमें पंच मूल का काढ़ा देने से शांति मिलती है। पित्त के ज्वर में पर्पटी और नींबू मिलाकर मधु के साथ खाने से शांति मिलती है।

भगवान बोले-जिस मनुष्य के सिर में बाल न हों उसके माथे पर सात रातों में बाल उग आते हैं यदि हाथी दांत को भस्म करके उसका लेप किया जाए। इसके साथ मृगराज के रस के साथ गुंजा के चूरे का इस्तेमाल करके मनुष्य अपने केशों की वृद्धि कर सकता है। आम की अस्थियों के चूरे का लेप करने से केश सूक्ष्म हो जाते हैं। आम और आँवला के लेप से केश घने हो जाते हैं। चौगुना गऊ मूत्र और मैसिल की सिर में मालिश करें तो बालों में जू और लीख खत्म हो जाते हैं। नये तरीके से तैयार किया हुआ शंख की भस्म को चूर्ण शीशे पर घिसकर लगाने से बाल घने और काले हो जाते हैं।

भृंगराज, लोहे का बुरादा, त्रिफला, बिजौरा, नील- इन सब के समान ही गुड डाल कर लेप करने से सफेद बाल काले हो जाते हैं। आम्र की हड्डी और आम्र की मज्जा हर्र बहेड़ा और आवला तथा नीली भृंगराज- इनको इकट्ठा करके पका कर उसमें लोहे का बुरादा डाले और

कांजी डाले फिर लेप करें तो बाल काले हो जाते हैं। मेष का मूत्र या सैधव नमक इन दोनों को मिलाकर कान में डालने से कान की दुर्गंध समाप्त होती है। कान का कीड़ा और कान का बहाव भी खत्म हो जाता है।

शोभांजन के पत्तों का रस मधु के साथ मिलाकर यदि आँखों में डालें तो आँखों के सारे रोग चले जाते हैं। आँवला, सौंठ, पीपली, असीति, तिल के पुष्प, उपनिब, तंडूलियक इन सबको पीस कर छाया में सुखाकर बाटी बना लेनी चाहिए और फिर उसे चावल के पानी के साथ पीसकर खा लेनी चाहिए। इस वटी को घिसकर शहद के साथ आँखों में लगाने से आँखों का अंधकार जाता रहता है। चार भाग शंख और इससे आधा भाग मैंसिल तथा मन -शिला का आधा भाग सैंधव लेकर इन तीनों को जल के साथ पीस कर वटी बना लेनी चाहिए। इन्हें छाया में सुखाकर फिर नेत्रों में लगाने से अंधकार का भय जाता रहता है। सौंठ, मिर्च, हल्दी इनको भृंगराज के रस में पीसकर अंजन करें तो अंधकार का भय जाता रहता है। आँखों का दर्द दूर करने के लिए अष्टरस की जड़ और कांजी को पीसकर आंखों में लेप करना उचित रहता है। सैंधव, कड़वा तेल और अपामार्ग मूल को क्षीर कांजी से तांबे के पात्र में पीसकर अंजन करने से पिंजट का नाश होता है। बिल नीलिका की जड़ को पीसकर अंजन करने से भी अंधकार का भय दूर हो जाता है। पिप्पली (पीपर) हल्ली और आंवला और खादिर को पीस कर एक बत्ती बना लेने के बाद उसे आँखों में लगा देने से आखों के रोग चले जाते हैं। प्रात -काल उठकर पानी को मुँह में भरकर फिर ठंडे जल से रोज नेत्रों को छपके देकर धोना चाहिए इससे आंखों के सभी रोग दूर हो जाते हैं।

इसके बाद भगवान बोले कि घोषा के फल को सूंघना और पीना भी कामला रोग को ठीक करता है। जाती के पत्तों को चबाकर मुंह में रखकर मुंह के रोग नष्ट होते हैं। केसर के बीजों को दबाने से हिलते हुए दांत भी जम जाते हैं। मुस्तक और इलायची याष्टिक और मधुवाचक इनको मिलाकर-खाने से मुख की दुर्गंध दूर होती है। यदि कोई मनुष्य तेल युक्त कांशी से कुल्ली करे और कुछ देर के लिए मुंह में भरकर रखे तो मुंह के रोग दूर हो जाते हैं। जिस तरह सौंफ को चबाने से और नींबू तथा इलायची, मधु, पीपल और जाती पत्र इनको मिलाकर चाट कर ज्वर का नाश होता है। गुंजा (चिरमिटी) की बेल के मूल को लेकर चबाने से दांतों के कीड़ों का नाश होता है।

दूध से मिश्रित कर्कट पाद से मिला हुआ घी दांत के कटकटाने में उपचार करता है। यदि कोई व्यक्ति दो भाग छाछ का ले और एक भाग तेल उसमें मिलाये या लाल चंदन, मजीठ कर्सयटी को मधु और कुमकुम के साथ मिलाकर एक सप्ताह प्रयोग करे तो मुंह की शोभा बढ़ती है। सौर और पीपल का चूरा, निषोध फिटकरी को मिलाकर काढ़ा बनाया जाए तो उसे पीने से तेज की वृद्धि होती है। इससे वायु का रोग भी दूर होता है। यदि करंज, यक्ष, वृहती, कटु रोहणी, गोखरू इन सबको पानी में पकाया जाए तो मनुष्य की स्मरण शक्ति बढ़ती है। जो ज्वर पारी से आता है। अर्थात् एक दिन छोड़कर या तीसरे, छठे, आठवें दिन उसे दूर करने के लिए गोमेद के रस से मिलाकर दूध देना ही पर्याप्त है।

काकजंघा के जड़ को खाने से नींद आती है। शैली, शैवाल, अग्निमंथ, पाषाण, भेदक, गोखरू और शोभांजन की जड़ को जल के साथ मिलाकर देने से वायु का रोग दूर होता है। आर्ध और तगर के मूल को घोटकर मट्ठे के साथ पीने से सींजनी वायु का ज्वर दूर हो जाता है। छाग के दूध से मिला हुआ सत्वा पी लेने, घी के साथ लेप करने से पैरों के तलवे में हुआ दर्द दूर होता है। सरज का रस, जीरा, हर्र को घी में मिलाकर मलने से आग जलने से हुआ दर्द दूर होता है। भैंस के दूध से निकला हुआ मक्खन और जलाकर पीसे हुए तिल यदि भल्लाक सहित प्रयुक्त किए जाएं तो व्रण का नाश होता है। और उसके लेप से दर्द दूर हो जाता है।

आम के पेड़ की जड़ के रस से किसी शस्त्र से होने वाला घाव भर जाता है। शस्त्र का घाव ढोकमान होता है और घी से भरता हुआ वह व्रण रहित हो जाता है। शरपुखा में लाजवंती, छुईमुई, ग्वारपाठा की जड़ों को जल के साथ घोटकर शस्त्र के घाव पर लगाने से आराम मिलता है। जल में मिलाकर तिल के तेल को ओंगी की जड़ से घिसकर जब सेक करते हैं तो वेदना कम होती है। श्वेत अपराजिता के पत्तों को नीम के पत्तों के रस के साथ मिलाकर पीने से डाकनी, पितरों, ब्रह्म-राक्षसों का डर खत्म हो जाता है।

पुष्य नक्षत्र श्वेत जयंती का मूल श्वेत अपराजिता के अर्क और चित्रक का मूल बनाकर उसे पीसकर मस्तक पर तिलक लगाने से पुरुष का तेज बहुत आकर्षक हो जाता है। अर्थात् पीपल, लौह चूर्ण, आवला, सोंठ ये सब समान भाग लेकर सैधव मधु और शक्कर के साथ गूलर के समान गोली खाने से बल की वृद्धि होती है।

भगवान ने आगे कहा कि हरिताल, पत्रांग, लाल चंदन जाति और यवक्षार तथा पिंगुलक और लाक्षा को पीसकर दांतों पर लेप करना चाहिए। मंद आग में मूलक का श्वेदन करके कानों में रस डालने से कान का बहना समाप्त हो जाता है।

हरीतकी के कषाय से दांतों को मांज कर लेप करना चाहिए। कड़वे तेल के साथ प्रयोग करने से कानों के कीड़ों का नाश होता है। हल्दी, नीम के पत्ते, पीपल और मिर्च काली, वीडक, भद्र मुस्त तथा सप्तम विश्व भेषज इन सबको गोमूत्र मिलाकर एक बाटी खाने से अजीर्ण नष्ट होता है। जो मनुष्य जटामासी वच, विचू विल्व, तगर, पदम, केशरनाथ, पूर्य प्रयंगु इन सबको समान भाग में चूर्ण बनाकर खाता है वह बहुत सुंदर हो जाता है। सरसों, वचवदन के फल और बिजली की विष्ठा धुस्तर और नारी के केश में धूल लगा देने से चौथे दिन आने वाला चौथैया ज्वर समाप्त हो जाता है। अर्जुन नाम वाले वृक्ष के फूल भिलावा, वायविडंग वाला सरज रस सोवीर सर्सप इनका धुंआ जू, मक्खी, मच्छरों को नष्ट कर देने वाला होता है।

भगवान ने आगे कहा- पान, घी, शहद और नमक तथा दूध यदि मिलाकर तांबे के बर्तन में रखे और फिर नेत्रों में लगाए तो उससे नेत्रों के रोग दूर हो जाते हैं। पीपल त्रिफला का चूर्ण शहद के साथ चाटने से पिनस का रोग देर हो जाता है और खांसी का रोग भी दूर होता है। जड़ के सहित चित्रक की भस्म और पीपल का चूरा चाटने से श्वास-खांसी और हिचकियों का रोग दूर हो जाता है।

रक्त के विकारों का शमन करने के लिए नीलोत्पल पीसकर शक्कर, मुनक्का और पद्मक चारों वस्तुओं को समान रखकर रस बना ले फिर चावलों को मसलकर जो पानी निकलता है उसके साथ मिलाकर पिएं। हरताल, शंख का चूरा और केले के पत्तों की भस्म का उबटन बना कर बाल उगाए जा सकते है। इसके आगे भगवान ने कहा कि कुछ शक्तिवर्धक योग भी जान लेने चाहिए।

सर्दी और ग्रीष्म ऋतु में दही गर्हित होता है। शिशिर हेमंत और वर्षा में दही खाना चाहिए। भोजन के बाद मक्खन के साथ शक्कर खाने से बुद्धि की वृद्धि होती है। कुष्ठ का चूरा करके घी और शहद के साथ मिलाकर सोते समय खाने से चेहरे की झुर्रियां समाप्त हो जाती हैं। अलसी, उड़द, गेहूं इनका चूरा करके चूने और पीपल के साथ मिलाकर शरीर पर लेप करने से अंगों में आभा फूट पड़ती है। जौ, तिल, अश्वगंध, मूसली और गुड को एकत्रित करके खाने से बल वृद्धि होती है।

शक्कर और शहद को मिलाकर चाटने से और फिर दूध पीने से शरीर पुष्ट होता है। कलीर का चूरा दूध के साथ पीने से क्षय रोग का नाश होता है। मालूर के रस को ग्रहण करके उससे जलों का पोषण करके उसमें पीसकर यदि दोनों हाथों से लेप करे तो इसके प्रभाव से अग्नि स्तंभ हो जाता है। और फिर आग से हाथ नहीं जलते। इस तरह मनुष्य को चाहिए कि वइ इन विविध उपायों से अपने रोगों को दूर करे और अपनी शक्ति बढ़ाए।

पांच रक्त वर्ण के पुष्प अर्थात् पांच लाल रंग के फूल उपलब्ध करके फिर कुमकुम से युक्त करके फिर रक्त से समन्वित करके पीसकर तिलक करने से परस्पर वश करने की क्रिया में वृद्धि होती है। ब्रह्मदंडी को पुष्य नक्षत्र में खाने से वश में करने की शक्ति बढ़ाई जाती है।

■■

षोडश अध्याय

भगवान नारायण के द्वारा गरुड़जी को कहे गए भक्ति के स्वरूप और माहात्म्य के विषय में बताते हुए सूत जी ने कहा- अनादि और अजन्मा तथा अव्यय प्रभु भी नमन करने योग्य है और जो प्रभु का नमन करता है वह भी नमन योग्य हो जाता है। आनंद स्वरूप प्रभु द्वैत से परे है और वही विष्णु है और कृष्ण भी वही है और वही मनुष्य के शुभ- अशुभ कर्मों को निरंतर देखता रहता है। ऐसा सर्वव्यापक प्रभु भक्ति- भावना से ही जाना जा सकता है।

यह प्रभु मेघ की घटा के बीच, कृष्ण वर्ण वाला, भाव का भूखा है। और जो भक्त पृथ्वी पर गिरे हुए डंडे के समान प्रभु की अर्चना करता है वह संसार-सागर से पार हो जाता है।

कोई भी मनुष्य 'नमो नारायणाय' मंत्र का जाप करते हुए भगवान की शरण जाता है उसका कल्याण होता है। नारायण शब्द में पापों को धोने की अपार शक्ति है। व्यास आदि समस्त मुनिगण भगवान नारायण की पूजा करते हुए कल्याण को प्राप्त होते हैं। और निरंतर बुद्धि को विकसित करते रहते हैं। वे भगवान का कीर्तन करते हैं और मोक्ष के अधिकारी होते हैं। जो व्यक्ति सच्चे मन से स्वप्न में भी भगवान नारायण का नाम लेता है उसके पाप दूर हो जाते हैं।

हे कृष्ण, हे अनंत, हे अच्छत, हे वासुदेव- ऐसा कह जो भक्ति-भाव से भगवान के नाम का जाप करते हैं उन्हें कभी भी यमपुर का द्वार नहीं देखना पड़ता है। सूर्य के उदय होने पर जिस तरह अंधकार का नाश हो जाता है उसी तरह भगवान का नाम लेने से पाप दूर हो जाते हैं। स्वर्ग का निवास भी चिर-स्थायी नहीं होता। वहां पुण्यों का क्षय हो जाने पर मनुष्य फिर मृत लोक में आता है। सच्चे भक्त नाम-कीर्तन के बल पर ही पूजा के मार्ग पर बढ़ते जाते हैं। कृत युग में ध्यान से, त्रेता में अस्त्रों की पूजा से और द्वापर में भगवान की अर्चना से जो फल मिलता है कलियुग में आकर वह फल भगवान के परम लाभ देने वाले नाम के स्मरण से मिल जाता है। जो निरंतर हरि हरि का पाठ करता है वह नारायण के लोक को प्राप्त करता है।

जो मनुष्य पुरुष सूक्त मंत्रों के द्वारा भगवान को पुष्प समर्पित करता है वह उनका परम आराधक हो जाता है और उसकी, चर्चा सारे संसार में होती है। जो मनुष्य विष्णु का पूजन नहीं करता वह तो एक तरह से ब्रह्म घाती होता है। जो ब्रह्मांड का विस्तार करने वाले भगवान विष्णु का ध्यान नहीं करता वह तो कीचड़ में पड़ा हुआ कीड़ा होता है और उससे नरक में यमराज पूछते हैं कि तूने कभी भगवान का नाम लिया? भगवान इतने दयालु हैं कि यदि श्रद्धा से उनका नाम लिया जाए तो वे भक्त को अपना लोक प्रदान कर देते हैं।

यमराज नरक में आने वाले प्रत्येक व्यक्ति से कहता है कि अपने गर्भ से उत्पन्न करने वाली माता और पालने वाला पिता मनुष्य के लिए उतना कल्याण नहीं करते - जितना कल्याण भगवान का नाम लेने से हो जाता है। सभी वर्ण और आश्रमों में भगवान विष्णु को ही आराधना का आधार बनाया गया है और उन लोगों को कोई दोष नहीं होता जो भगवान नारायण की भक्ति करते हैं।

यह सर्वविदित है कि भगवान विष्णु ही ध्यान के मूल आधार है। तीर्थों में बार-बार घूमने से और यज्ञों के करने से भी कोई लाभ नहीं होता यदि भक्त भगवान नारायण की भक्ति नहीं करता। नारायण को किया गया एक प्रणाम साठ हजार और 700 तीर्थों के फल से अधिक होता है। इस प्रणाम का इतना अधिक महत्त्व है कि इसके बाद मनुष्य सारे पापों से छुटकारा पाकर नारायण लोक को प्राप्त होता है।

जो मनुष्य भ्रम से रहित होकर एक पल मात्र भी नारायण का ध्यान करता है उसे भी स्वर्ग मिल जाता है। और जो रात-दिन नारायण के ध्यान में रहता है उसके सुख और आनंद का तो कहना ही क्या?

जागते हुए, सोते हुए और अर्द्ध जागृति की अवस्था में या स्वप्न की अवस्था में योगी की स्थिति जिस तरह से योग में होती है वह भगवान का नाम लेने से स्वतः मिल जाती है। जो व्यक्ति खाते पीते उठते बैठते गोविंद का स्मरण करता है वह अपने कर्मों का उचित फल प्राप्त करता है।

भगवान नारायण का ध्यान ही परम धर्म है। यही तप है, यही शुद्धता है, इसलिए भगवान का ध्यान सर्वोत्तम दशा को प्राप्त करने का एकमात्र आधार है। भगवान विष्णु से अधिक महत्त्वपूर्ण उपासना करने योग्य और कोई नहीं है। वैसे ही जैसे अनशन करने से बड़ा और कोई तप नहीं होता।

संसार में जिस वस्तु की प्राप्ति बहुत अधिक दुर्लभ मानी जाती है और जो सामान्यतया प्राप्त नहीं हो पाती उसे भी भगवान नारायण अपने भक्त के लिए प्राप्त करा देते हैं। यज्ञ करने से जो कुछ भी पुण्य छूट जाता है वह विष्णु के नाम स्मरण से पूरा हो जाता है। ध्यान ही एकमात्र ऐसा उत्तम साधन है जो मनुष्य को एकाग्र करता है और योग उसके पापों का नाश करता है।

जो व्यक्ति समाधि लगाता है और योगी होता है वह मुक्ति पाता है। क्योंकि योग की अग्नि के द्वारा वह अपने सभी धर्मों को जला डालता है। उसी प्रकार भगवान विष्णु के नाम को चित्त में स्थित करने पर सारे पाप जल जाते हैं। ओर जिस तरह आग के ताप से सोना शुद्ध हो जाता है

उसी तरह भगवान नारायण के नाम से मनुष्य के मन का मैल भी धुल जाता है। जिन पापों का निवारण गंगा में हजार बार स्नान करने से नहीं होता उन सबका क्षय भगवान विष्णु के एक बार नाम लेने से हो जाता है।

इसलिए भगवान नारायण ने गरुड़जी से कहा कि हजारों बार प्राणायाम करने से पाप का निश्चित ही नाश होता है किंतु वह पाप एकमात्र मेरे ध्यान से नष्ट हो जाता है। जिस मनुष्य के हृदय में मेरा ध्यान बना रहता है उसे कलियुग के घनघोर कष्ट भी दुख नहीं दे सकते और नश्वर वस्तुएं आकर्षित नहीं कर सकतीं। हरि का स्मरण ही श्रेष्ठ है।

सूत जी ने आगे कहा कि भगवान ने बताया कि वह पल और समय व्यर्थ है जिस पल मनुष्य वासुदेव का चिंतन नहीं करते। क्योंकि मनुष्य का जीवन दुर्लभ है और इस दुर्लभ जीवन में भगवान का नाम लेना ही अपने लोक-परलोक को सुधारने के लिए एकमात्र उपाय है। जिस मनुष्य के हृदय में भगवान गोविंद का नाम विराजमान है वह इस कलियुग में भी सतयुग की कल्पना कर सकता है और जहां भगवान का नाम नहीं वहां सतयुग में भी कलियुग हो जाता है।

जो पुरुष अपने मन में नियमित रूप से भगवान विष्णु का ध्यान करता है वह धन्य हो जाता है। भगवान के निरंतर जाप से बड़े पद की प्राप्ति होती है ओर देवराज इंद्र के पद से अधिक महत्त्व मिलता है। जो पुरुष गृहस्थाश्रम में रहते हुए भी निरंतर भगवान का नाम लेता है वह उनकी सांसारिक माया के प्रभाव में नहीं आता। उसमें क्षमा, दया और धर्म शीलता का निवास होता है। इस प्रकार परम देव नारायण के ध्यान से चित्त शुद्ध हो जाता है।

भगवान को अपनी मेधा में संयुक्त करने वाला पुरुष नर्कगामी नहीं होता।

जिस पुरुष ने अपनी आत्मा को ब्रह्म में लीन कर दिया है वह मुक्ति प्राप्त करता है।

जो पुरुष अनिवासी अच्युत भगवान का कीर्तन करता है वह विलय को प्राप्त करता है।

जो पुरुष यज्ञ करते हुए जप,स्नान और भगवान का ध्यान करता है वह संसार सागर से पार हो जाता है।

राजा राष्ट्र का रक्षक होता है। बचपन में माता-पिता उसके रक्षक होते हैं फिर उसके बाद धर्म उसकी रक्षा करता है और वास्तविक धर्म भगवान श्री हरि का नाम लेना होता है।

प्रतिदिन भ्रम से रहित होकर भगवान कृष्ण का नाम लेना किसी भी जाति के व्यक्ति के लिए भी नरक से मुक्ति का दाता होता है।

भगवान का भक्त निषाद, शूद्र, द्विज किसी भी जाति का हो, समान होता है।

जिस मनुष्य के हृदयों में कमल के समान कोमल श्याम वर्णी जनार्दन रहते हैं वह हमेशा लाभ को प्राप्त करते हैं। ऐसे मनुष्यों को कभी कष्ट नहीं मिलता और किसी कार्य में उनकी पराजय नहीं होती।

जिन पशु-पक्षी और कोई-मकोड़ों के हृदय में भी भगवान का नाम होता है उनकी ऊर्ध्व गति होती है। संसार का महत्त्वपूर्ण ज्ञान अपने चित्त में भगवान स्वरूप का जानना है और सबसे बड़ा कर्म अपने चरणों में अपनी गति का समर्पण है। और सबसे बड़ी प्राप्ति उनकी कृपा और अपनी भक्ति है।

यह देखकर आश्चर्य होता है कि मनुष्य पापों की धूप में बिलबिलाता रहता है और वह भगवान के नाम रूपी छायादार पेड़ के नीचे नहीं बैठता। मनुष्य को चाहिए कि वह नारायण की भक्ति करते हुए अपने को अधिक शक्तिशाली बनाए। ऐसा मनुष्य सिद्ध हो जाता है।

सिद्ध पुरुष चलते-बोलते किसी भी अवस्था में भगवान के चिंतन से दूर नहीं होता। भगवान का स्वरूप बहुत मोहक है। स्वर्ग के कुंडल पहनकर किरीट और मुकुट धारण कर शंख और चक्र को लेकर पूरे मंडल के बीच कमल के आसन पर विराजमान भगवान नारायण हमेशा ध्यान करने योग्य हैं।

जो जीव सांसारिक विषयों में आसक्त रहता है और जिस प्रकार की उसकी आसक्ति होती है यदि उसी प्रकार की आसक्ति भगवान नारायण में हो तो वह आवागमन के बंधनों से मुक्ति पा लेता है। भगवान विष्णु का ध्यान करने वाला और उनकी लीला का वर्णन करने वाला तथा अपने संपूर्ण कर्मों को भगवान की सेवा में समर्पित कर देने वाला पुरुष ही वास्तविक ज्ञानी और भक्त हैं। जो ऐसा नहीं करता वह बीच में ही लटका रहता है। उसके जीवन का क्या लाभ? जीव की सार्थकता इसमें है कि वह भगवान के नाम का कीर्तन करे।

दोनों हाथों की सार्थकता इसमें हैं कि भगवान की पूजा करते रहें। सिर की सार्थकता इसी में है कि वह भगवान के आगे झुकता रहे और मन महाप्रभु के गुणों का चिंतन करने से ही सार्थकता पाता है। इसी के साथ अन्य देवताओं की पूजा-अर्चन करना भी आवश्यक है।

भगवान के गुणों का वर्णन करके मनुष्य अपने सारे पापों को धो देता है और चर- अचर में व्याप्त माया उस पर कोई भी प्रभाव नहीं डाल सकती है।

जो मनुष्य अपने सारे सत-असत् किए गए कर्मों को भगवान नारायण के प्रति समर्पित कर देता है वह उन कर्मों में लिप्त नहीं होता।

इस प्रकार हे मुनियों! मैंने तुम्हारे सामने नारायण की भक्ति और उसके माहात्म्य का वर्णन कर दिया है। अब इसके बाद नारायण किस रूप में अपने भक्तों का उद्धार करते हैं इस विषय के लिए मैं शिवजी के द्वारा वर्णित नरसिंह भगवान की स्तुति बताता हूं।

सूत जी ने कहा कि भगवान शंकर को उनके एक गण ने कहा कि हम आपके प्रभाव से देव असुर और सारे मनुष्यों को खा सकते हैं। यह सुनकर भगवान शंकर ने कहा कि आप सब मिलकर प्रजाजनों की रक्षा कीजिए और इन्हें नष्ट करने का जो विचार तुम्हारे मन में हो उसे समाप्त कर दीजिए।

लेकिन मातृ गणों ने भगवान शंकर की कही बात को माना नहीं और इस चराचर को भक्षण करना आरंभ कर दिया। जब मातृ गणों ने बहुत उत्पात मचाया तब भगवान शिव ने स्वयं भगवान विष्णु- जो नरसिंह रूप वाले हैं- का ध्यान किया। उन्होंने पहले उनके स्वरूप का वर्णन किया। उन्होंने कहा-

आप आदि और अंत से रहित समस्त प्राणियों के उत्पत्ति स्थान बिजली के समान जीव वाले महान दाढ़ों से युक्त, स्फुरण केशरों की माला से युक्त, दिव्य रूप वाले हैं। आपने अपने माथे पर रत्नों से जड़ित मुकुट पहना हुआ है और उसी तरह से अंगद अपनी भुजाओं में धारण किए हुए हैं। आपकी मकर में विशाल सोने की करधनी सुशोभित है। आप श्याम वर्ण वाले हैं। रत्नों से बने नूपुर आपके पैर में विराजमान हैं और आप अतुल तेज वाले हैं। आपका शरीर भंवर के समान आकार वाले रोगों से युक्त है। आपने विशाल फूलों की माला धारण की हुई है।

जब भगवान शिव ने नरसिंह भगवान का इस प्रकार स्मरण किया तो उन्होंने उन्हें दर्शन दिए। तब शंकर ने उन्हें प्रणाम करके फिर उनकी स्तुति की और उन्हें हिरण्यकश्यप के संहार करने वाले नाखून से युक्त कहकर जगत का गुरु बताया और कहा कि आप हजारों यमों को दुख देने वाले हैं और सहस्रों इंद्रों के समान पराक्रमी और कुबेरों के समान धनी हैं। सहस्रों चंद्रमाओं के समान तेज और आभा से युक्त हैं और सहस्रों सूर्य के समान तेज युक्त हैं। आपकी स्तुति सहस्रों ब्रह्माओं ने की है। आप ही बंधन काटने वाले और मोक्ष के दाता हैं। आप सहसंरक्षक हैं। इसके बाद शंकर ने कहा कि मैंने अंधप दैत्य के लिए जिन मातृगणों को पैदा किया था- वे अब प्रजाओं का भक्षण करते हैं। क्योंकि मैंने उनका सृजन किया है इसलिए मैं उनका नाश नहीं कर सकता। मैं इस कार्य में असमर्थ हूं।

इस तरह जब रुद्र ने भगवान नरसिंह से कहा तब उन्होंने अपने जीभ के अगले भाग से उन मातृगणों का संहार करके पृथ्वी को भारमुक्त कर दिया और वहीं पर अंतर्निहित हो गए।

जो पुरुष अपनी संपूर्ण इंद्रियों को वश में करके विष्णु का माहात्म्य बताने वाले इस नरसिंह स्तोत्र को पड़ता- है उसके मनोरथ पूरे हो जाते हैं। जो यह कहता है कि सूर्य के समान नेत्र वाले पंचेत, कमल के समान वर्ण वाले अजन्मा, अनंत अग्नि के समान मुख वाले आदि, मध्य और अंत से रहित परम पुराण पुरुष भगवान नरसिंह का ध्यान करता हूं उसके संपूर्ण पाप दूर हो जाते हैं और वह परम धाम को प्राप्त होता है।

अब इसके बाद समस्त पदार्थों का दान करने वाले अच्युत स्तोत्र का वर्णन करता हूं। बहुत प्राचीन समय की बात है कि नारदजी ने ब्रह्माजी से पूछा और जो कुछ उन्होंने नारदजी को कहा वही मैं तुम्हें बता रहा हूं।

नारदजी ने कहा था कि हे पिता ब्रह्मा! मुझे आप भगवान अच्युत के स्तोत्र के विषय में बताइए जिससे मैं अक्षत विधि-विधान से वरदान देने वाले भगवान विष्णु का स्तवन कर सकूं। आप मुझे यह भी बताइए कि मैं किस तरह उनकी प्रार्थना करता रहूं।

जो पुरुष भगवान का ध्यान करते हैं वे परम धन्य हैं। और उनका जीवन सफल है।

नारदजी से यह सुनकर ब्रह्माजी ने कहा कि भगवान नारायण का यह स्तोत्र उनकी पूजा का मुख्य आधार है। इसका पीठ करने से मनुष्य परम धाम को प्राप्त होता है।

मनुष्य को कहना चाहिए-

- भगवान वासुदेव के लिए मेरा नमस्कार है।
- संपूर्ण पापों को हरण करने वाले भगवान के लिए मेरा नमस्कार है।
- वराह रूप भगवान के लिए मेरा नमस्कार है।
- गोविन्द रूप भगवान के लिए मेरा नमस्कार है।
- हे परमाक्षर आपके सान्निध्य में मेरा नमस्कार है।
- हे प्रभु आप ज्ञानवान हैं, ज्ञान प्रदान करने वाले है, आपके लिए मेरा नमस्कार है।
- आप परम अद्वैत हैं और सर्वोत्तम पुरुष हैं आपकी सेवा में मेरा नमस्कार है।
- आप विश्व रचयिता पालन कर्त्ता और रक्षक हैं। आप संपूर्ण विश्व के स्वामी हैं आपके प्रति मेरा नमस्कार है।

- आप विश्व की रचना के कारण स्वरूप हैं आपके प्रति मेरा प्रणाम है।
- मधु दैत्य का नाश करने वाले आपके प्रति मेरा नमस्कार है।
- हे गरुड़ ध्वज! कमल के समान नेत्र वाले आपको मेरा नमस्कार है।
- आपने कृष्ण के रूप में कालनेमि का नाश किया आपकी सेवा में मेरा नमस्कार है।
- हे देवकी पुत्र! रुक्मिणी के पति वृष्णिनन्दन आपकी सेवा में मेरा नमस्कार है।
- गोकुल ग्राम में रहने वाले ग्वालों के प्रिय! आपकी सेवा में मेरा नमस्कार है।
- गोवर्धन पर्वत को धारण करने वाले और गउओं के कुल को बढ़ाने वाले आपको मेरा नमस्कार है।
- जगत के सच्चे साक्षी प्रभु आप संपूर्ण अर्थ और साधन के प्रदाता हैं आपको मेरा प्रणाम है।
- आप माधव हैं और वेदांत के वेत्ता और सर्वशक्तिमान लक्ष्मीपति हैं, आपको मेरा प्रणाम है।
- आप अव्यक्त रूप से चराचर के आश्रय है आपको मेरा प्रणाम है।
- आप सच्चिदानंद हैं और ज्ञानमय हैं।आपकी सदा जय हो मेरा आपको नमस्कार है।
- आप अज्ञाननाशक गुरु हैं और ज्ञानवान यंत्रों के मंडल हैं, आपको मेरा नमस्कार है।
- आप समय और न्यास मुद्रा हैं, आपको मेरा नमस्कार है।
- आप काल और धर्म हैं, आपको मेरा प्रणाम है।
- आप माया से युक्त और माया से रहित हैं, आपको मेरा नमस्कार है।
- आप शंख चक्र गदा धारण करने वाले देव हैं, आपको मेरा नमस्कार है।
- आप समस्त दिशाओं के दिग्पाल हैं आपको प्रणाम है।
- आप राक्षसों के अधिपति हैं और आप वायु तथा निशाकार भी हैं आपको मेरा नमस्कार है।
- आप बारह आदित्य, एकादश रुद्र, दोनों अश्विनीकुमार, और मरुद्गण तथा वसु, इन भिन्न-भिन्न रूपों को धारण करते हैं। ये आपके ही भिन्न रूप हैं, अत : आपको नमस्कार है।

- आप ही दैत्य रूप, दानव रूप, नाग, यक्ष, गंधर्व, अप्सरा, पितृगण और सिद्ध हैं, आपको नमस्कार है।
- आपके अतिरिक्त विश्व में और कुछ नहीं है। आप ही सब कुछ हैं। आप समस्त भूत के आधार हैं आपको नमस्कार है।
- आप मन बुद्धि और अहंकार रूप से हृदय में, क्षेत्रज्ञ ईश्वर के रूप में हैं, आपको नमस्कार है।
- आप यज्ञ हैं, आप ही ऊँकार हैं, कुशा और समिधा भी आप ही हैं, मैं आपको नमस्कार करता हूं।
- हे भगवान! आप ही वेदी, दीक्षा और हुताशन हैं। होता और यज्ञमान भी आप हैं। अत: आपको प्रणाम निवेदन करता हूं।
- हे प्रभु आप अध्वर्यु और उद्गाता हैं। आप पुरुषोतम दिशाएं पाताल व्योम नक्षत्र सब कुछ हैं आपको नमस्कार है।

भगवान का यह स्तोत्र जो मनुष्य उच्चरित करता है वह संपूर्ण पापों से छुटकारा पा लेता है क्योंकि ब्रह्म का स्वरूप सरलता से नहीं जाना जा सकता, उसे जानने के लिए अनेक योनियों में जन्म लेना पड़ता है। वह इंद्रियों से परे है तथा अगम्य है।

ब्रह्म का शुद्ध स्वरूप गुणरहित है। सर्वत्र व्याप्ति उसका स्वरूप है। यह प्रलय और उत्पत्ति से रहित है नित्य और अव्यक्त है। नाश का उस पर कोई प्रभाव नहीं होता। वह सर्वज्ञ है अर्थात् सब कुछ जानता है। ब्रह्म गुण रहित निर्गुण है। परात्पर और आनंदमय है।

यह ब्रह्म बोध और ज्ञान के स्वरूप वाला है। यह क्षय और द्वैतभाव से रहित है। यह ब्रह्म ही लोक में अवतरित होता है। और वह मूर्ति ही सबके द्वारा दिखाई देता है। ब्रह्म के स्वरूप को जानकर देवगण भजन किया करते हैं। सभी देवी मूर्तियों में आपकी मूर्तियां हैं। और उनकी पूजा आपकी पूजा है। इस तरह जो कुछ भी मैं करता हूं वह आपको समर्पित है। और उसमें जो त्रुटि रहती है आप उन्हें क्षमा कर दें।

मैं अपनी संपूर्ण त्रुटियों की क्षमा मांगते हुए आपके प्रति अपने कर्म का संपादन करता हूं। आपके चरणों में मेरी अचल भक्ति है और मैं रात-दिन आपकी पूजा करता हूं। मैं किसी भी धर्म में उतनी प्रीति नहीं रखता जितनी आपके चरण-कमलों में रखता हूं क्योंकि मेरे लिए यही मोक्ष का साधन है। आप ही कामनाओं और फलों को देने वाले हैं।

इस प्रकार सूत जी ने कहा कि अच्युत स्तोत्र को बताते हुए ब्रह्माजी ने भगवान विष्णु की महिमा स्थापित की क्योंकि भगवान विष्णु ही समस्त कर्मों के फल को प्रदान करने वाले हैं और उनकी अचल भक्ति ही परम लाभ का साधन और आधार है।

जो व्यक्ति इस स्तोत्र के द्वारा विष्णु का स्तवन करता है वह संसार के बंधनों को पार कर मोक्ष का अधिकारी हो जाता है और जो प्रात:काल भक्ति भाव से स्तोत्र का जाप करता है वह अपनी कामनाओं की पूर्ति करता है। उसे पुत्र की प्राप्ति होती है और यदि कोई रोगी विष्णु के स्तोत्र का जाप करता है तो रोग से छुटकारा मिलता है। विद्या चाहने वाले को विद्या, यश चाहने वाले को यश, अध्ययनशील को मेधा, साधु को साधुत्व, विष्णु स्तोत्र पाठ से प्राप्त होता है।

भगवान विष्णु की सन्निधि में मन और प्राण स्थित करके भक्त परम धाम को प्राप्त होता है।

■■

सप्तदश अध्याय

विष्णु माहात्म्य और स्तोत्र के बाद अब मैं तुम्हें भक्ति कीर्तन के महत्व के विषय में बताता हूं क्योंकि भक्ति के द्वारा सब कुछ प्राप्त किया जा सकता है। भक्ति से भगवान जितने प्रसन्न होते हैं उतने अन्य किसी भाव से नहीं। मनुष्य को चाहिए कि वह नियमित रूप से हरि का स्मरण करे और भक्ति के साधनों से भक्ति करे। मनुष्य को चाहिए वह अपने भाव के आवेश में मग्न होकर भगवान का कीर्तन करे।

इस संसार में भगवान के दोनों चरण ज्ञान प्रदान करने वाले हैं। और भगवान के भक्त जो परम श्रद्धा से विष्णु का नाम लेते हैं वे वैष्णव हैं। कीर्तन और गुण श्रवण करने से भक्ति का भाव पूरा होता है।

इसका अर्थ है यह है कि केवल भगवान की कथा सुनने से फल नहीं मिलता। भगवान के प्रति प्रेम और भक्ति का होना भी आवश्यक है। जो सर्वात्मा स्वरूप भक्ति भाव से अपने भाव का निवेदन भगवान के प्रति करता है वह शुद्ध भागवत होता है और अर्चना करके परम पद को प्राप्त होता है।

भगवान की भक्ति आठ प्रकार की होती है। यदि कोई म्लेछ व्यक्ति भी भगवान की भक्ति करता है तो वह भी ब्राह्मणों की तरह मुक्ति को प्राप्त हो जाता है। भक्ति करने वाला व्यक्ति चाहे चांडाल ही क्यों न हो उस पर भी भगवान प्रसन्न हो जाते हैं। क्योंकि जब वह कह देता है कि मैं तेरा हूं तो उस पर भगवान की कृपा अपने आप हो जाती है।

विष्णु की भक्ति से उतना ही फल मिलता है जितना सहस्रों मंत्रों के द्वारा यज्ञ करने से और वेदांत का ज्ञान प्राप्त करने से। निरंतर एकांत में भजन स्मरण और कीर्तन करने वाला व्यक्ति भगवान विष्णु को बहुत प्रिय होता है।

सच्चा भक्त आपत्ति के समय में भी भगवान की भक्ति को नहीं छोड़ता। उसकी वृत्ति भगवान को छोड़कर किसी दूसरे में नहीं रमती। उसकी दृढ़ता अखंड रहती है। मनुष्यों में वह व्यक्ति अधर्मी होता है जो सर्वेश्वर में भक्ति नहीं रखता।

वेद-शास्त्रों को पढ़ने वाला व्यक्ति भी जब तब भगवान विष्णु की भक्ति नहीं करता तब तक उसे परम पद प्राप्त नहीं होता। उत्तम गति की प्राप्ति के लिए विष्णु भक्ति मुख्य आधार है। विष्णु का भक्त प्रत्येक लोक में अपने अशुद्ध आचरण से मुक्ति पाकर परम पद को प्राप्त होता है।

जब मनुष्य भगवान की कृपा से ही उसकी भक्ति करता है तो उसका संसार से उद्धार हो जाता है। भगवान का नाम लेने से जो सहज ही रोमांचित होता है वह परम पद को प्राप्त करता है।

यमराज को मालूम है कि जो वैष्णव भक्त हैं उन्हें उनके दूत कभी नहीं छेड़ते। भक्ति के पूर्व यदि किसी मनुष्य ने कोई दुराचरण भी किया हो तो वह भक्ति के प्रताप से पाप मुक्त हो जाता है। भगवान की अनन्य भाव से -भक्ति करने वाला व्यक्ति धर्मात्मा होता है। और अपने सत्कर्मों का फल प्राप्त करता है। सार यह है कि विष्णु भक्त का कभी नाश नहीं होता।

भगवान की भक्ति से धर्म, अर्थ और काम और मोक्ष की प्राप्ति होती है। भगवान की भक्ति को अपने मन में धारण करने वाला मनुष्य मोक्ष का अधिकारी हो जाता है। भगवान हरि की माया त्रिगुणात्मिका है उसको जान लेना और त्यागना दोनों ही बहुत कठिन हैं। जो मनुष्य इस तीन गुण वाली माया को जान लेते हैं वे हरि की शरण से माया से पार हो जाते हैं। इस संसार में उन्हीं भक्तों का कल्याण होता है जो भगवान की पूजा करते हैं और भक्ति भाव से उनका स्मरण करते हैं।

अनेक दानों के द्वारा भगवान को उतना संतोष नहीं होता जितना कि शुद्ध आत्मा से की गई भक्ति से। भक्तों के साथ समागम और सत्संग भगवान की भक्ति का एक आधार है। यह सारा संसार विष से भरे हुए घट के समान है। इसमें भगवान के भक्तों की संगति ही रक्षा करती है। सत्पुरुष और सत्पुरुषों की संगति भक्ति भाव को व्यापक करती है।

जिस परिवार में कोई वैष्णव भक्त पैदा नहीं होता उस परिवार के पितृगण उपेक्षित रहते हैं और जहां विष्णु भक्त होता है वहां के पितृगण बहुत प्रसन्न रहते हैं।

अज्ञानी पुरुष भगवान विष्णु की भक्ति से देवलोक में पहुंच जाते हैं। अनेक महापापी अपने अंत समय में भगवान के स्मरण से परम गति को प्राप्त हुए। भगवान का चिंतन करते हुए मनुष्य को चाहिए कि वह जगत के साक्षी स्वरूप भगवान को ही अपना सब कुछ अर्पित करे।

इस प्रकार मैंने आपको भगवान जनार्दन के स्वरूप को बताते हुए उनके माहात्म्य और प्रभाव का वर्णन कर दिया है। यह हमेशा याद रखना चाहिए कि परम तत्त्व भगवान ही हमेशा चिंतनीय हैं और ज्ञान के स्वरूप हैं और उनकी भक्ति विशुद्ध और विमल हृदय में रहती है।

भगवान विष्णु की भक्ति से मोक्ष प्राप्त होता है और संपूर्ण पापों को नष्ट करके आवागमन से छुटकारा पाने का मूल आधार भी भगवान विष्णु की भक्ति में हैं। जो मनुष्य संसार में सुख की कामना करता है और संतोष को पाना चाहता है उसे चाहिए कि अपने संपूर्ण कर्मों को भगवान को समर्पित करके उनका पूजन और अर्चना करते हुए जीवन यापन करे।

शुद्ध स्वरूप संपूर्ण संसार की रचना करने वाले विनाश के कारण भगवान वासुदेव सर्वाधार हैं। जीवन-मरण के कार्य-कारण और मोक्ष के आधार भगवान विष्णु ही हैं।

भगवान ने गरुड़जी के पूछने पर कहा कि धर्म का सार अत्यंत कठिन है। किंतु यह पापों को दूर करने वाला और मुक्तिदाता है। किसी तत्त्व के प्रति दुःख का अनुभव करना- धर्म बल और श्रुति का नाश करने वाला होता है। अत : मनुष्य को शोक का परित्याग करना चाहिए। मनुष्य के बंधु-बांधव पति-पत्नी सब कुछ कर्म ही है। दान ही राज्य और स्वर्ग है अत : दान अवश्य करना चाहिए। दान करने से मनुष्य के प्राणों की रक्षा होती है। जो मनुष्य ब्रह्मचर्य का पालन, तप, यज्ञ को त्याग देते हैं वे नरक के द्वार पर जाते हैं। और जो यज्ञ करते हैं देवों की अर्चना-वंदन करते हैं और सत्कर्मों में ही अपना मन लगाते हैं-वे स्वर्ग जाते हैं।

कोई भी व्यक्ति किसी मनुष्य को न सुख-दुख दे सकता है न इनका नाश कर सकता है। सुख-दुःख देने वाले और नाशक केवल कर्म हैं। प्रत्येक मनुष्य अपने किए कर्मों के अनुसार ही सुख-दुख भोगता है। जो मनुष्य धर्म का आचरण करता है वह दुखों का नाश कर देता है।

मनुष्य के जीवन में लोभ और क्रोध उसे संकट में डालते हैं। लोभ से मोह माया उत्पन्न होती है। लोभ से ही द्रोह जन्म लेता है। लोभ मनुष्य का सबसे बड़ा दोष है- इससे माया, मत्सर, अभिमान पैदा होते हैं। इससे दूर रहने वाला मनुष्य शांति प्राप्त करता है। लोभ से रहित काम-क्रोध से हीन व्यक्ति परम पद को प्राप्त करता है। धर्म से परिपूर्ण पुरुष की पूजा तो देव गंधर्व भी करते हैं।

मनुष्य का परम श्रेय तीन स्थितियों में रहता है।

1. प्राणियों पर दया करना।
2. इंद्रियों को नियंत्रण में रखना।
3. सब प्राणियों में अनित्यता की धारण रखना।

जो मनुष्य मृत्यु को जानकर भी धर्म का आचरण नहीं करता उसका होना दूध हीन बकरी के गले के थन के समान होता है। जो पुरुष दानी होता है वह भ्रूणहत्या, परस्त्री गमन, पिता का वध, गौहत्या, ब्राह्मण हत्या- जैसे पापों से भी छुटकारा पा लेता है।

दान में सर्वश्रेष्ठ दान कौन-सा है? यह पूछने पर भगवान ने कहा कि गोदान उत्तम दान है। जो पुरुष न्याय से प्राप्त गौ का दान करता है वह अपने कुल का उद्धार करता है। गोदान के अतिरिक्त अन्नदान का महत्व भी अधिक है। अन्न से ही संपूर्ण चराचर धारण किया जाता है अन्नदान अत्यंत उत्तम दान है।

अन्य महत्त्वपूर्ण दानों में कुछ दान इस प्रकार हैं-

1. कन्यादान देना
2. वृष का उत्सर्ग करना
3. हाथी- घोड़ा- रथ का दान करना
4. तीर्थों में संकल्प से दान करना
5. रक्तदान।

ये सभी दान मनुष्य के जीवन को परम तत्व की प्राप्ति में सहायक होते हैं। इसके साथ कुछ अन्य कार्य हैं जिनका फल मोक्ष प्रदाता होता है।

1. कुंआ- तालाब बनवाना
2. बगीचा बनवाना
3. इन कार्यों से मनुष्य की आत्मा स्वच्छ हो जाती है। कहा गया है कि तीर्थों का सेवन तो समय आने पर ही उत्तम फल देता है किंतु सत्संग-सज्जनों का सेवन-समागम तुरंत लाभ देने वाला है। मनुष्य को यह समझ लेना चाहिए कि तप, दया, क्षमा, संतोष, दंभ, सत्य, ज्ञान, श्रम दान- ये सब मनुष्य के सनातन धर्म है। जो मनुष्य इन सनातन धर्मों का पालन करता है उसका लोक और परलोक सुधर जाता है।

भक्ति भाव से जो मुनि सदाचरण का पालन करता है वह भगवान विष्णु को प्रसन्न करता है। और इसके साथ संध्या उपासना करके जो मनुष्य धर्म, अर्थ, काम और मोक्ष देने वाले भगवान विष्णु की आराधना करता है वह परम पद को प्राप्त करता है।

भगवान ने कहा कि सतयुग में धर्म के चार पाद होते हैं जिन्हें सत्य, ज्ञान, दया, और तप कहा जाता है और इस युग के अंत में अत्यंत प्रतापी राक्षसों का नाश किया गया।

त्रेता युग में धर्म के तीन पाद रह जाते हैं-सत्य, दान और दया। इस समय मनुष्य युद्ध करते थे और संपूर्ण संसार क्षत्रिय कर्मों से परिपूर्ण होता था। इस युग में मनुष्य की आयु 1000 वर्ष होती थी।

द्वापर युग में धर्म दो पादों वाला हो गया और कलियुग में धर्म एक पाद वाला रहा। इस युग में भगवान विष्णु ने व्यास के रूप में शरीर धारण किया और वेदों का विभाजन करके अपने शिष्यों को पढ़ाया।

उन्होंने ऋग्वेद पेल को पढ़ाया, जैमिनी को सामवेद पढ़ाया और सुमंतु को अथर्ववेद पढ़ाया तथा महामुनि को यजुर्वेद पढ़ाया।

इसके बाद उन्होंने वैशंपायन के साथ अठारह पुराणों का अध्ययन कराया। इन सब पुराणों के पाँच लक्षण हैं। इनमें सर्ग, प्रतिसर्ग, वंश, मन्वंतरों का वर्णन और अनेक वंशों के चरित्र होते हैं।

द्वापर युग के अंत में भूमि के बहुत भारी भार को भगवान हरि ने दूर किया था जब धर्म का केवल एक ही पाद यहां स्थिर रहा था। उस समय भगवान अक्षत ने कृष्णावतार धारण किया। उस समय मनुष्यों के आचार बहुत दूषित हो गए। इस युग में दया नहीं रहती और सत, रज और तम वे गुण सभी काल से संप्रेषित होकर आस्था में परिवर्तित हो जाते हैं।

जिस समय सत्व की अधिकता रहती है और मन, बुद्धि, इंद्रियां उसी प्रकार की होती हैं उस समय कृत युग जानना चाहिए। मनुष्य उस समय ज्ञान तथा तपस्या में रत रहा करते हैं। जिस समय देह धारिक रति काम्य कर्मों में भक्ति वश में हुआ करती है उस समय त्रेता युग होता है।

हे शौनक! इसे रजोगुण की उत्पत्ति का वैभव ही समझो। जिस समय लोभ, असंतोष, मान, दंभ, मत्सर और केवल कामना से युक्त कर्म होते हैं उसे द्वापर युग समझो। इससे रजोगुण और तमो गुण की ही प्रबलता रहती है। जिस समय सदा मिथ्या, तंद्रा, निद्रा और हिंसा आदि के साधन होते हैं तथा शोक, मोह, भय, दैन्य हुआ करते हैं। वह कलियुग कहा गया है। जनपद दस्युओं के द्वारा आक्रांत होते हैं और वेद पाखंड के द्वारा दूषित हो जाते हैं यह सब कलियुग का प्रभाव हैं।

कलियुग में राजागण प्रजाजनों में शिक्षा की याचना करते हैं और ये सभी शिश्न तथा उदर की पूर्ति में ही परायण रहने वाले होते हैं। ब्रह्मचारी व्रत रहित शौचाविहिन भिक्षु और कुटुंबी होंगे। जो तपस्वी नामधारी पुरुष होंगे वे ग्रामों के अंदर निवास करने वाले हो जाएंगे। संन्यास धारण करने वाले लोग महान् धन के लालची हो जाएंगे। साधुगण वे कहलाएंगे जिसके शरीर का आकार छोटा होगा। अधिक आहार करने वाले और चोरी करने वाले होंगे। भृत्य अपने स्वामियों को त्याग दिया करेंगे।

तापसगण अपने व्रतों को छोड़ दिया करेंगे। शूद्र लोग दान ग्रहण किया करेंगे। वैश्य लोग तपस्या में परायण होंगे। सभी मनुष्य उद्वेग से युक्त रहेंगे और सारी प्रजा पिशाचों के तुल्य हो जाएगी। अन्याय के भोजन के द्वारा लोग अग्नि देवता और अतिथियों का पूजन करेंगे। जब कलियुग प्राप्त होगा तो पितृगण को कोई भी उदक क्रिया नहीं करेगा।

हे शौनक! कलियुग में सभी मनुष्य स्त्रियों में ही परायण और शूद्र प्रायः हो जाएंगे। लोगों के संतान अत्यधिक होगी और वे सब भाग्यहीन हुआ करेंगे। स्त्रियां ऐसी अभागिनी होंगी कि अपने सिरों के खुजलाने में तत्पर रहेंगी और भर्त्सित होकर बड़ी की आज्ञा का खंडन किया करेंगी।

लोगों में पाखंड इतना अधिक हो जाएगा कि उसमें अपहृत होकर वे मनुष्य विष्णु का पूजन भी नहीं किया करेंगे। हे विप्रगण इन दोनों से दूषित कलियुग में एक ही महान् गुण होता है और वह यह कि केवल भगवान श्रीकृष्ण के कीर्तन से ही इस कलियुग में कहा बंधन का त्याग हो जाता है। सतयुग में यज्ञादि के द्वारा, त्रेता में जपादि के द्वारा तथा द्वापर में परिचर्या के द्वारा जो पुण्य फल होता है वह पूरा फल इस कलियुग में केवल भगवान श्री हरि के नाम संकीर्तन से हो जाता है।

हे शौनक! इसीलिए भगवान हरि का नित्य ही ध्यान एवं पूजन करना चाहिए।

■■

अष्टदश अध्याय

इसके बाद गरुड़जी ने पूछा- भगवन्! आप नैमित्तिक प्रलय के विषय में मुझे बताइए।

प्रभु ने उनके प्रश्न के उत्तर में कहा, - 1000 वर्ष समाप्त होने पर नैमित्यिक लय होती है और कल्प के अन्त में 100 वर्ष तक पानी नहीं बरसता। इसके बाद रौद्र रूप वाले सात सूर्य उदय होते हैं। वे सूर्य सारा जल पी लेते हैं ओर सारी धरती सूख जाती है। भगवान विष्णु ही रुद्र होकर संसार को जलाते हैं। अर्थात् पहले मैं तीन लोकों का दाह करता हूं और फिर प्रमुख बादलों का सृजन करता हूं।

जब सारा चराचर एक हो जाता है और स्थावर जंगम नष्ट हो जाता है तो मैं अनंत आसन पर सो जाता हूं। एक हजार वर्ष सोने के बाद फिर इस जगत का सृजन करता हूं।

उसके उपरान्त 100 वर्ष पूरे होने पर सारे संसार का संहार करने के बाद मैं ब्रह्मांड में विलीन होकर योगबल से मुक्त हो जाता हूं। इसके बाद 100 वर्ष तक बरसते हुए मेघों में मैं ही विद्यमान रहता हूं।

जल में निमग्न हो जाने पर लगत पति का अणु भिन्न हो जाता है और फिर ब्रह्मा की आयु पूर्ण होने पर स्पष्ट पति का अणु भिन्न हो जाता है। इस तरह से यह भूमि जल में लीन हो जाती है, जल तेज में लय हो जाता है, और तेज वायु में लय हो जाता है, वायु आकाश में, और आकाश भूतादि में प्रवेश कर जाता है, फिर भूतादि महान में, और महान प्रकृति पुरुष में लय हो जाता है। इसी तरह व्यक्त-अव्यक्त क्रम के चराचर व्यक्त - अव्यक्त होता है।

व्यक्त- अव्यक्त भाव से नारायण संपूर्ण सृष्टि में प्रतिभासित होते हैं। भगवान नारायण ही अवतार ग्रहण करके पृथ्वी का भार हरण करते हैं इनके स्वरूप को अनादि अनंत और अविकल्प कहा गया है। वे ही तत्त्व हैं और मनुष्य को चाहिए कि वह उनके समान ही हो जाएं।

भगवान नारायण स्व शांति से अथवा अपनी ही योगमाया से रूप अरूप होते रहते हैं उनके अवतार से भक्तजन प्रसन्न होते हैं। और दुष्टों को भय लगा रहता है। जब वे सृष्टि की कामना करते हैं तो ब्रह्मा को सृष्टि रचना का आदेश देते हैं और जब संहार की इच्छा होती है तब रूप धारण करके प्रलय करते हैं।

नारायण वासुदेव चिरंतन परमात्मा परब्रह्म और इस जगत के जन्म और विलय के करने वाले हैं। वही सब व्यक्त और अव्यक्त हैं और वही काल रूप में विद्यमान रहते हैं। विष्णु व्यक्त स्वरूप हैं तथा अव्यक्त स्वरूप पुरुष तथा काल होता है। अत : तुम बालक की भांति क्रीड़ा

करने वाले समस्त चेष्टाओं को सुनो। भगवान पुरुषोत्तम आदि और अंत से रहित और अनंत स्वरूप वाले हैं। उनसे अव्यक्त और उससे आत्मा भी उत्पन्न होती है। उन्होंने ही बुद्धि, आकाश, पवन, तेज, जल और भूमि का सृजन किया। भगवान स्वयं ही नारायण से रुद्र, हिरण्य, अंड और उसके मध्य में विराजमान रहते हैं।

प्रभु पहले ऋषि के लिए शरीर ग्रहण करते हैं चतुर्मुख ब्रह्मा की रजोगुण की अधिक मात्रा लेकर देह, शरीर ग्रहण करते हैं। तदुपरांत चर एवं अचर जगत का सृजन किया जाता है। ये ही ब्रह्मांड के समस्त अंतर्जगत् को जिसमें देव मनुष्य असुर सभी हैं, रचते हैं विष्णु आत्मा को तथा पालन करने के योग्य जो भी हैं उसका पालन करते हैं। फिर अंत में हरि ही स्वयं संहति होकर इस जगत का संहार किया करते हैं। प्रभु ब्रह्मा का रूप धारण करके सृजन करते हैं। हरि स्वयं ही विष्णु के रूप में इस जगत का पालन करते हैं और कल्प के अंत में वही प्रभु रुद्र-रूप होकर संपूर्ण जगत का विनाश करते हैं विष्णु ने ही सृष्टि के समय इस पृथ्वी को जल के मध्य गई हुई जानकर वाराह रूप धारण कर अपनी दाढ़ से इसका उद्धार किया था।

अब हम वेदादि के सर्ग को संक्षेप में कहेंगे। तुम इसको सुनो। यह सबके महत्व का सर्ग है। जो ब्रह्मा का विरुप होता है दूसरा पंचतन्मात्राओं का सर्ग होता है जो कि भूत सर्ग कहा गया है। तीसरा ऐंद्रियक जिसे वैकारिक सर्ग कहा जाता है। इस प्रकार से बुद्धिपूर्वक प्राकृत सर्ग संभूत हुआ है फिर चतुर्थ मुख्य सर्ग होता है जो मुख्य स्थावर कहे गए हैं।

मुख्य स्थावर चतुर्थ सर्ग में आते हैं। और तिर्यक् स्त्रोत को तिर्यक् योग्य सर्ग कहा जाता है उससे ऊर्ध्व स्रोतों में छठवां सर्ग नाम से पुकारा जाता है सातवां मानुष तथा आठवां अनुग्रह सर्ग है। वह सात्विक और तामस होता है। इस तरह ये पांच वैकृत सर्ग होते हैं। तीन प्राकृत सर्ग कहे गए हैं। कौमार सर्ग नौवां है जो प्राकृत और वैकृत दोनों होता हैं। हे गरुड़ सुरों से लेकर स्थावर पर्यंत चार प्रकार की प्रजा होती है।

सृष्टि के रचना करने वाले ब्रह्मा के मानस पुत्र उत्पन्न हुए थे। इसके बाद देव, असुर, पितृगण और मनुष्य इन चारों की इच्छा रखने वाले इनके सृजन के लिए इन में अपनी आत्मा का अर्चन किया था। इनमें मुक्तात्मा प्रजापति की माता से उद्रिक्ता हुई थी। सृजनेच्छु के जांघ से पहले असुर उत्पन्न हुए थे फिर उसने तमो मात्रात्मक शरीर का त्याग कर दिया था और वत तमो भाव को व्यक्त करके तनुराकरा विभावरी हो गई थी। इस तरह यह कथा भी मैंने सुना दी है।

हे गरुड़ जब अन्य देह में स्थिर होकर सृष्टि के सृजन की इच्छा करने वाले ब्रह्म हुए तो बहुत प्रीति को प्राप्त हुए। और ब्रह्मा के मुख से सत्व गुण के उद्रेक वाले सुर पैदा हुए वह, सत्वोद्रिक शरीर भी उसने त्याग दिया था जो कि दिन हो गया था।तभी से असुर लोग रात्रि में बल संपन्न

तथा देव गण दिन में बली हुए थे। सत्य मात्रा के अन्य अंतर के उत्सर्ग से दिन और रात्रि के मध्य में स्थित करने वाली संध्या उत्पन्न हुई थी।रजो मात्रांतर का ग्रहण करके हुई जो प्रक्संध्या कही जाती है। ये ज्योत्सना रात्रि दिन और संध्या उसके शरीर ही हैं। रजो तन्मात्रा का ग्रहण कर क्षुधा और कोप हुए थे। उन क्षुधा से क्षाम तथा रक्षण से राक्षसों का सृजन किया था, तक्षण से यक्ष और केश सर्पण से सर्प जानना चाहिए।

इस तरह हे गरुड़! सृष्टि के आरंभ में पहले एक मूल शक्ति तीन रूपों में विभाजित हुई फिर मैंने ही ब्रह्मा को सृष्टि रचना का आदेश दिया था। यज्ञ आदियों के बाद ब्रह्मा के कोप से भूतादि की उत्पत्ति हुई थी, फिर गंधर्व पैदा हुए। वे गायन करते उत्पन्न हुए थे इसीलिए उनको गंधर्व नाम से पुकारा जाता है। उस प्रजापति ने भेड़ों को अपने वक्षस्थल से और मुख से बकरियों को उत्पन्न किया था अपने उदर और पार्श्व भागों से गायों का सृजन किया था। ब्रह्म ने अपने पैरों में गर्दभ, उष्ट आदि को उत्पन्न किया था। उनके रोगों से संपूर्ण औषधियों फल और मूल हुए थे।

गौ, अज, पुरुष, मेष, अश्व, अश्वतर और गर्दभ इन सबको ग्राम्य पशु कहा जाता है। अरण्य में होने वाले पशु श्वापद, दो खुरों वाले, हाथी, वानर और पांचवें पक्षी, छठवें जल में रहने वाले पशु होते हैं। सातवें सरीसृप जो कि रेंगकर चलते हैं।

पूर्वादि ब्रह्मा के मुखों से ऋग्वेद आदि की रचना हुई थी, मुख से ब्राह्मण तथा बाहुओं से क्षत्रिय उत्पन्न हुए थे उरुओं से वैश्य तथा चरणों से शूद्र पैदा हुए थे।

ब्राह्मणों का ब्रह्म लोक, क्षत्रियों का शाक्र लोक, वैश्यों का मारुत लोक, तथा शूद्रों का गंधर्व लोक है। जो ब्रह्मचारियों के व्रत में स्थित है उसका ब्रह्मलोक होता है, गृहस्थों का प्राजापत्य है जो कि यथोक्त आश्रय के पालन करने वाले हैं सात ऋषियों का, वनवासियों का, यतियों का और यदृक्षा गामियों का स्थान सदा अक्ष। होता है।

हरि ने कहा- यहां पर संस्थान रचकर फिर मानस प्रजा सर्ग किया था। धर्म, रुद्र, मनु, सनक, सनातन, भृगु, सन्नत्कुमार, रुचि, शुद्ध, मरीचि, अत्रि, अंगिरा, पुलस्त्य, पुलह, ऋतु, वशिष्ठ, नारद, वर्हिषद, पितृगण, अग्निश्वात, कव्याद, आज्यप, सुकाली, उपहूत, दिव्य, तीन मूर्तियों से रहित और चार मूर्ति युक्तों का सृजन किया था। दक्षिण अंगुष्ठ से दक्ष को बनाया और वामांगुष्ठ से उसकी भार्या का सृजन किया था। दक्ष की उस पत्नी ने शुभ दुहिताओं को जन्म दिया था। उन कन्याओं को दक्ष ने ब्राह्मण पुत्रों को दे दिया था तथा सती को रुद्र को सौंपा था। रुद्र के महान शक्तिशाली अनेकों पुत्र हुए थे।

सर्वगुण सम्पन्न ख्याति नाम की कन्या दक्ष ने भृगु को दी थी- शुभा ने भृगु से धाता और विधाता की रचना की थी तथा श्री को पैदा किया जो भगवान नारायण की पत्नी हुई। श्री में हरि ने स्वयं बल और उन्माद को उत्पन्न किया था। उसके उपरांत प्रजा की उत्पत्ति के क्रम में- मनु की आयति और नियति नाम की दो कन्यायें थीं उन्होंने क्रमश: धाता विधाता की पत्नी होने के बाद दो पुत्र पैदा किए जिनका नाम प्राण और मृकुंड थे। मार्कण्डेय मृकुंड के हुए, ब्रह्मा के पुत्र मरीचि की पत्नी संभूति ने पौर्णमास को पैदा किया था पौर्णमास के विरज और स्वर्ग नामक दो पुत्र हुए। स्मृति ने अंगिरा से पुत्र तथा कन्यायें पैदा कीं जिनके नाम क्रमश: विनीवाली, कुहू, राका तथा अमुमति थे। अनुसूया ने अत्रि मुनि से कल्मष रहित पुत्रों सोम, दुर्वासा तथा दत्तात्रेय को पैदा किया था। पुलस्त्य की पत्नी प्रीति से दतीलि पैदा हुए थे। उसके यहां क्षमासेत कर्मण, अर्थकीर, सहिष्णु ये तीन पुत्र पैदा हुए। ऋतु की पत्नी सुमति ने वालखिल्य को जन्म दिया जो कि अध्वरेतस वालखिल्य हुआ था। ये सब ऋषिगण साठ सहस्त्र हुए थे। ऊर्जा में वशिष्ठ मुनि के सात पुत्रों ने जन्म ग्रहण किया था रज, गात्र, ऊर्ध्वबाहु, शरण, अश्व सुतपा और शुक्र ये सब सप्तर्षि माने गए थे।

इन सप्तर्षियों ने तप करके आकाश में अविचल रहने का वर प्राप्त कर लिया। बाद में दक्ष प्रजापति ने अपनी पुत्री स्वाहा को शरीरशारी अग्निदेव को दिया था। हे खग! अग्निदेव ने स्वाहा से तीन पुत्र पावक, पवमान, शुचि को प्राप्त किया। स्वधा नाम की दक्ष की कन्या ने पितृगण से मैना तथा वैतरणी को पैदा किया था- वे दानों ब्रह्मवादिनी थीं-मैना तो हिमवान की पत्नी बनी। इसके बाद ब्रह्मा ने आत्मा से संभूत, स्वायंभुव को सबसे पूर्ण प्रजा के पालन के लिए पैदा किया। फिर स्वायंभुव ने तप के बल से समस्त कल्मषों का विनाश करने वाली शतरूपा नाम की स्त्री को अपनी पत्नी के रूप में स्वीकार किया था। शतरूपा ने दो पुत्र प्रियव्रत और उत्तानपद तथा दो पुत्री आकूती एवं संज्ञा नाम की स्वायंभुव से उत्पन्न कीं। एक तीसरी कन्या थी जिसका नाम देवहूति था। उन तीनों पुत्रियों में मनु ने आकृति को रुचि से ब्याह दिया, प्रसूति को प्रजापति दक्ष को दिया तथा कर्दम मुनि को देवहूति प्राप्त हुई थी। रुचि से यज्ञ उत्पन्न हुआ, यज्ञ ने दक्षिणा में बारह पुत्र पैदा किए जिनमें यम नाम वाला पुत्र महान् था।

आकृति ने दक्षिण और यज्ञ को फिर यज्ञ ने दक्षिण से 12 पुत्रों को जन्म दिया देवहूति ने भी अनेक सन्तानें उत्पन्न कीं! दक्ष के 24 कन्यायें उत्पन्न हुई इसमें उसने श्रद्धा, लक्ष्मी, धृति, तुष्टि, पुष्टि, मेधा, किया, बुद्धि, लज्जा, वायु, शान्ति, सिद्धि और कीर्ति इन 13 पुत्रियों को यम को दे

दिया। और शेष ख्याति, प्रभूति, स्मृति, प्रीति, क्षमा, सन्तति, अनुरूपा, स्वाहा और स्वधा की भृगु भव, मरीचि, अंगिरा, पुलस्त्य,ऋतु, अत्रि, वशिष्ठ, धन्य और पिता को क्रम रूप से सौंप दी। इसके बाद तो विष्णु की कृपा से असंख्य सृष्टि उत्पन्न हुई।

हरि ने कहा कि मैं और विस्तार से सृष्टि रूप की व्याख्या करता हूं। निर्गुण भगवान शिव का बायां अंग विष्णु है, ब्रह्मा उनका सव्य अंग है, और उनका हृदय रुद्र है। इसी क्रम से तीन गुण सत, रज और तम की स्थिति है। शिवजी की ही सतोगुणी माया सती, रजोगुणी माया सरस्वती और तमोगुणी माया लक्ष्मी है। सतोगुणी माया का सती रूप में शिवजी से ही विवाह हुआ है जिसने अपने पिता के यज्ञ में अपने पति शिव (रुद्र) का भाग लेता न देख कर उसी समय अपने प्राणों का त्याग कर दिया। उसके बाद देवताओं की प्रार्थना पर उन्होंने हिमाचल के घर में पार्वती के रूप में पुनः जन्म लिया और तपस्या करके शिवजी को प्राप्त किया।

पार्वती के अनेक नाम हैं। इसमें मुख्य हैं कालिका, भद्रा, त्रिज्या, जया, जयन्ति, चंडिका, दुर्गा, भगवती, चंडिकाली, भद्रकाली, अम्बा, सर्वमंगला आदि। इस प्रकार इन तीनों देवियों ने (सरस्वती सती और लक्ष्मी) तीन देवों से मिल कर त्रिगुणमयी सृष्टि की उत्पत्ति की। शिवजी की आज्ञा से ही मैंने सृष्टि की उत्पत्ति की। शिवजी की आज्ञा से ही मैंने सृष्टि की रचना की मैं तो केवल निमित्त मात्र हूं। सृष्टि के कर्त्ता धर्ता और हर्ता साक्षात् भगवान नारायण जी ही हैं। इन्हीं भगवान नारायण की पूजा सर्वोत्तम फलदायिनी है।

इसके बाद सृष्टि का क्रम बताते हुए हरि ने कहा- श्रद्धा से काम, चला से दर्प, धृति से नियम आत्मा, तुष्टि से संतोष, और पुष्टि से लोभ पैदा हुए। मेधा ने श्रुतक्रियास से दण्ड-लय- विनय, बुद्धि से बोध तथा लज्जा ने विनय को पैदा किया। इसके बाद व्यवसाय उत्पन्न हुआ तथा शान्ती ने क्षेम को जन्म दिया। ऋषि ने सुख को, कीर्ति ने यश को, पैदा किया इस प्रकार ये सब धर्म के पुत्र हुए थे। काम की पत्नी रति तथा उनका एक पुत्र हुआ जिसका नाम हर्ष था।

प्रजापति दक्ष के अश्वमेध यज्ञ में सब लोग सपत्नीक पधारे थे सिवाय रुद्र और सती के। सती के वहां पहुंचने पर उन्हें अपमानित होना पड़ा क्योंकि वे यज्ञ में आमंत्रित नहीं थीं। उन्होंने अपने अपमान के कारण यज्ञ में देह का त्याग कर दिया और उसके बाद हिमालय के यहां पार्वती बनकर पैदा हुईं और गणेश तथा कार्तिकेय उत्पन्न हुए।

इसके बाद उत्तासनपाद की पत्नी सुरुचि से उत्तम नाम वाला पुत्र हुआ, सुनीति से ध्रुव पैदा हुए। ध्रुव ने नारद मुनि के आशीर्वाद से देवाधिदेव जनार्दन को प्रसन्न करके उत्तम पद प्राप्त किया था।

ध्रुव का पुत्र सृष्टि महान पराक्रमी तथा बलशाली था, सृष्टि का पुत्र प्राचीन बर्हि हुआ तथा उसका पुत्र दिवंजय, तथा दिबंजय का पुत्र रिपु, रिपु का पुत्र चाक्षुष मनु हुए, चाक्षुष का पुत्र रुद्र,

रुद्र का श्रीमान अंग हुए। अंग का पुत्र वेणु जिसका हवन मुनियों ने कुशाओं से कर दिया था। वेणु के उरुओं के मन्थन से एक पुत्र हुआ जो कि बहुत ही छोटा तथा कृष्ण अंग वाला था। उसके पैदा हेते ही निषीद का उच्चारण हुआ था इसलिए वह निषाद होकर विंध्य पर्वत पर रहने लगा था। तदुपरांत देवताओं ने वेणु का दाहिना हाथ सहसा मंथन करके पुत्र उत्पन्न किया जो कि विष्णु के स्वरूप था। विष्णु स्वरूप उस पुत्र का नाम पृथु था और इसी पृथु के प्रभाव से वेणु स्वर्ग को गए थे। प्रजा के लिए पृथु ने पृथ्वी को दोहन किया था। पृथु का पुत्र अन्तर्धान तथा उसका पुत्र हविर्धान हुआ।

इसके उपरांत राजा बर्हि ने लवण सागर की पुत्री के साथ विवाह किया और फिर धनुर्विद्या जानने वाले विद्वान पुत्र उत्पन्न किए। इन्होंने बहुत तप किया और तप के बाद प्रजापति का पद प्राप्त किया।

मारीषा नाम की इनकी पत्नी थी और उस पत्नी से दक्ष पैदा हुआ दक्ष ने प्रजापति वीरण की भार्या असिकली से विवाह करके और एक हजार पुत्र उत्पन्न किये थे। ये युग वीतरागी हो गए। इसके उपरांत फिर पुत्र हुए और वे भी वीतरागी हुए। फिर दक्ष ने नारद को शाप दिया कि तू जन्म ग्रहण करेगा। क्योंकि नारद के कारण ही पहले पुत्र वीतरागी हो गए थे।

नारद ने कश्यप मुनि के यहां जन्म लिया और फिर दक्ष ने साठ कन्यायें पैदा कीं।

इन कन्याओं में दो अंगिरा को दीं, दो वृशाश्व को और धर्म को दस कन्यायें दीं, और इसके बाद कश्यप मुनि को तेरह कन्यायें दीं, और चंद्रमा को सत्ताईस। इसी रूप में प्रजा का विकास होता रहा। कश्यप की पत्नियों के नाम इस प्रकार हैं- अदिति, दिति, दनु, काला, अनायु, सिंहिका, कंद्रु, प्राधा, इरा, क्रोधा, विनीता, सुरभि और खगा।

विश्वा से विश्वदेव पैदा हुए तथा सांध्या से सांध्यगण, भानु से भानुगण, मुहूर्ता से मुहूर्त, लम्बा से घोष, एवं यामि से नागवीथि तथा संपूर्ण पृथ्वी अरुंधती से उत्पन्न हुआ था, संकल्पना से सर्वात्मा संकल्प पैदा हुए। आठ नामों के वसुगण इस प्रकार हैं- आप, ध्रुव, सोम, धव, अनिल, अनल, प्रत्युष तथा प्रभाष। आप के पुत्र वैदूथ, श्रम, श्रांत तथा ध्वनि हुए थे। ध्रुव के पुत्र भगवान काल हुए, लोभ का पुत्र वर्चा हुए। जिससे वर्चस्वी पैदा हुए। ध्रुव का पुत्र दुहिण हुत तथा हव्यवह हुए, मनोहारा से शिशिर, प्राण तथा रमण पैदा हुए थे।

इसके उपरांत अनिल और शिवा के वंश में अन्य लोगों का जन्म हुआ और हिरण्यकश्यप और हिरण्याक्ष के वंश की वृद्धि एक ओर हुई और देवताओं का विकास हुआ। दानव वंश की

परंपरा हिरण्याक्ष के पुत्रों से लेकर वैश्वानर की लड़कियां पुलोम और कालका के संतानों में विकसित होती हुई विनीता के दो पुत्र गरुड़ और अरुणा से आगे विकसित हुई। कद्रु ने सर्पवंश को जन्म दिया जिसमें वासुकि और तक्षक प्रधान हुए, क्रोधा ने पिशाचों को जन्म दिया और सुरक्षि के गर्भ से गऊ तथा महिष पैदा हुए।

इस वंश परंपरा में उनचास मरुदेव भी हुए जिनके नाम इस प्रकार हैं- एकज्यौति, द्विज्योति, त्रिज्योति, चतुर्ज्योति, एकशुक्र, द्विशुक्र, त्रिशुक, बहाबल, इद्रक, अवाहक, सहक, प्रतिसहक, नित्त, समित, महाबलवान, ऋजित, सत्याजित, सुषेण, सेनाजित, अमित्र, अमिमित्र, दूरमित्र, अजित ऋतु, ऋतधर्मा, विहर्ता, वरुण, ध्रुव, विधारण, वहचतुर्थ, एकगण, कथित, इद्दाक्ष, एतादृक्ष, मितासन, एवन, प्रसदक्ष, सुरत, महातप्पा, तद्रगृगृ, ध्वनि, भास, वियुक्त, विक्षिप, सह, द्युतिवम, बलाधुष्य, लाभुकामीजय, विराट, उद्वेषण, गणनाम, सप्तम, वायुस्कंध।

हमने यह सृष्टि का वृतांत बताया, सर्वप्रथम अमैथुनीय रचना के बाद फिर मैथुनीय सृष्टि हुई। असुर और सुरों ने हरिभजन किया और भगवान उन पर प्रसन्न हुए तथा उनका आशीर्वाद लेकर अपने- अपने लोक में रहने के लिए चले गए।

■■

उपसंहार

गरुड़ पुराण में धर्मसार कथन, यमपुरी वर्णन और प्रेतयोनि वर्णन की महत्ता है। इसके प्रमुख वक्ता भगवान नारायण स्वयं हैं और श्रोता उनके वाहन श्री गरुड़। किन्तु मध्य में अन्य श्रोता और वक्ताओं का अस्तित्व भी है! इनमें भगवान व्यास, शौनकजी सूत जी की प्रमुखता है किंतु इनसे भी महत्त्व उमा और भगवान शंकर के श्रोता-वक्ता होने का महत्त्व है।

वस्तुत : हमारे समाज में यह प्रश्न अधिक महत्त्वपूर्ण और द्वंद्वमय है कि पूर्वजन्म, जन्मजन्मांतर का अस्तित्व है या नहीं। भारतीय मनीषा जन्म जन्मांतरों का अस्तित्व मानती है और उनके अनुसार कर्म विधान पर व्यापक रूप से लिखा गया है।

आधुनिक वैज्ञानिक युग में भी जन्मों की परिकल्पना पर विश्वास होता जा रहा है यद्यपि उसका विरोध भी कम नहीं हो रहा। पर कर्मफल हमारी आत्मा की चेतना का एक अंग है। इसका विशद वर्णन इसलिए भी किया जाता है कि मनुष्य सत्याचरण पर अधिक ध्यान दे। कर्मफल प्रारब्ध से जुड़कर मनुष्य की जीवनीशक्ति कम नहीं होती। उसे अपने कर्मफल के लिए संतोष करने के कारण शांति मिलती है।

यह संपूर्ण संसार अविनाशी है। विनाश एक वस्तु का भी नहीं होता, उसका रूपांतरण होता है। मानव शरीर से आत्मा के मुक्त होने पर उसका फिर से जन्म लेना प्रश्न हो सकता है पर यही कि वह किस रूप में आता है? पर वह पुनः होता अवश्य है। जब हम अपने स्वाभाविक जीवन में किए का फल भुगतते हैं तो उसे विशद भावभूति पर स्वीकार करने में आपत्ति क्या है?

■■

* 9 7 8 8 1 2 8 8 0 7 0 1 5 *
FCW - #0194 - 061026 - C0 - 216/140/7 - PB - 9788128807015 - Gloss Lamination